Die Nestorianer und der frühe Islam

Studien zur Religionskultur/Studies in Religious Culture

Herausgegeben von/edited by
Wilhelm-Ludwig Federlin und/and Edmund Weber,
Johann Wolfgang Goethe-Universität Frankfurt am Main

Band XXIII

PETER LANG
Frankfurt am Main · Berlin · Bern · Bruxelles · New York · Oxford · Wien

Marijke Metselaar

Die Nestorianer und der frühe Islam

Wechselwirkungen zwischen den ostsyrischen Christen und ihren arabischen Nachbarn

Bibliografische Information der Deutschen Nationalbibliothek
Die Deutsche Nationalbibliothek verzeichnet diese Publikation in der
Deutschen Nationalbibliografie; detaillierte bibliografische Daten sind im
Internet über <http://www.d-nb.de> abrufbar.

ISSN 0943-9587
ISBN 978-3-631-59129-1
© Peter Lang GmbH
Internationaler Verlag der Wissenschaften
Frankfurt am Main 2009
Alle Rechte vorbehalten.

Das Werk einschließlich aller seiner Teile ist urheberrechtlich geschützt. Jede Verwertung außerhalb der engen Grenzen des Urheberrechtsgesetzes ist ohne Zustimmung des Verlages unzulässig und strafbar. Das gilt insbesondere für Vervielfältigungen, Übersetzungen, Mikroverfilmungen und die Einspeicherung und Verarbeitung in elektronischen Systemen.

www.peterlang.de

INHALTSVERZEICHNIS

Einleitung 9
I. Die Nestorianer vor dem Islam 11
1. Entstehung der Nestorianischen bzw. Ostsyrischen Kirche 11
   1.1. Geschichtlicher Überblick 11
   1.2. Zur Terminologie 14
2. Der theologische Hintergrund 15
   2.1. Die Theologie von Theodor von Mopsuestia 15
   2.2. Der christologische Streit im 5. Jahrhundert 18
   2.3. Die Fortführung des Streites im Sassanidenreich 20
   2.4. Das Religionsgespräch 612 21
3. Die Sprachen, Literatur und Übersetzungen 24
   3.1. Die Sprachen 24
   3.2. Die Literatur und Übersetzungen 24
4. Die Schulen 25
   4.1. Die persische Schule in Edessa (363-489) und Ephräm der Syrer 25
   4.2. Die Schule von Nisibis (ab 489) 27
      4.2.1. Allgemein 27
      4.2.2. Das intellektuelle und religiöse Klima der Schule 28
      4.2.3. Die Exegese 31
      4.2.4. Die Philosophie 32
      4.2.5. Die Medizin 33
   4.3. Weitere Schulen 33
5. Das Mönchtum und die Klöster 34
6. Die Wissenschaften am sassanidischen Hof 36
7. Die Mission und der Übergang zur arabischen Herrschaft 37

II. Die arabischen Stämme zwischen Christentum und Islam 39
8. Die Ostsyrische Kirche auf der arabischen Halbinsel 39
9. Die arabischen Stämme zwischen Persien und Byzanz 40
   9.1. Die arabischen Stämme und das Christentum 40
   9.2. Die Königreiche der Lakhmiden und Ghassaniden 41
   9.3. Die arabischen Eroberungen 43

III. Die Nestorianer zur Zeit des frühen Islam 45

10. Die Nestorianer, Muhammad und der Koran 45
    10.1. Muhammad und die Christen 45
    10.2. Christologie, Christen und Nestorianer im Koran 46
    10.3. Christliche bzw. nestorianische Einflüsse im Koran? 49
11. Die Verbreitung und Entwicklung des frühen Islam 51
    11.1. Die Umayyaden 51
    11.2. Die Abbasiden 53
12. Die frühe islamische Theologie: die *Hadithen* und der *Kalam* 55
13. Die Position der Christen unter den islamischen Herrschern 57
    13.1. Der *Dhimmi*status 57
    13.2. Einige Maßnahmen 58
    13.3. Die Chalkedonier und Miaphysiten 59
    13.4. Die Nestorianer 59
14. Die ersten Reaktionen der Christen 60
    14.1. Allgemein 60
    14.2. Einige frühe Reaktionen der Nestorianer 61
15. Die Sprachen und Übersetzungen 63
    15.1. Die Sprachen 63
    15.2. Die Übersetzungen 64
16. Bildung und Wissenschaft 66
    16.1. Die Fortsetzung der ostsyrischen Bildung und Wissenschaft 66
    16.2. Bagdad 68
17. Die religiöse Debatte zwischen Christen und Muslimen 69
    17.1. Die Philosophie. Aristotelische Logik für die religiöse Debatte .. 69
    17.2. Entwicklungen 70
18. Einige Beispiele des islamisch-nestorianischen Dialogs 73
    18.1. Ein Mönch vom Kloster Bet Hale – ein arabischer Emir 73
    18.2. Timotheus I – al-Mahdi 73
    18.3. Abd al-Masih b. Ishaq al-Kindi 79
    18.4. Ali b. Sahl b. Rabban at-Tabari 80
    18.5. Amr b. Bahr al-Gahiz 82
    18.6. Hunain Ibn Ishaq 82
19. Das Mönchtum und die Klöster 83
20. Die Mission 84

IV. Schlussbetrachtung 85

Anhang: Die ostsyrischen Katholikoi von 605 bis 858 und ihre weltliche Herrscher.. 88

Literaturverzeichnis 89

Abkürzungen... 92

Einleitung

Der Islam entwickelte sich einige Jahrzehnte nach seinem Entstehen vor allem in den damaligen christlichen Ländern östlich des Mittelmeeres, wo vorher die Byzantiner und die Perser um die Macht gekämpft hatten. Die Umayyaden-Dynastie residierte schon seit 661 in Damaskus. Nach mehreren Streitigkeiten verlegte die Abbasiden-Dynastie ihre Residenz 762 östlich in die neu gebaute Stadt Bagdad, in der Nähe der früheren und jetzt verwüsteten Hauptstadt des Perserreiches. Dort entwickelte sich die islamische Geschichtsschreibung und Gesetzgebung weiter, bis sie unter dem Abbasiden-Kalifen al-Mamun (813-833) festgelegt wurden. Die Macht der Abbasiden dauerte dann noch bis ungefähr zur Mitte dieses 9. Jahrhunderts. Diese Zeit kann damit als Endpunkt des frühen Islams betrachtet werden.

In Persien zeigte sich eine vielschichtige Religiosität. Neben der persischen Staatsreligion, dem Zoroastrismus, sind Buddhisten und Juden, die hier schon seit dem Babylonischen Exil große Gemeinden hatten und ihre Lehrinstitute pflegten, zu nennen. Darüber hinaus waren arabische Stämme als Nomaden eingewandert, die in einer Pufferzone zwischen dem Römischen und Persischen Reich manchmal eine große Autonomie bekommen hatten. Einige davon waren auch christlich.

Die Christen im Perserreich hatten sich der Landessituation angepasst und eigene Traditionen entwickelt. Unter diesen, meist zweisprachigen, Christen fanden sich neben den ursprünglichen Aramäern, auch viele deportierte oder geflüchtete Griechen, die ihre eigene christliche Tradition mitgebracht hatten. Eine große Gruppe der Christen gehörte der sogenannten 'Nestorianischen Kirche' an. Diese Kirche hatte sich im 5. Jahrhundert in Ostsyrien unter persischem Druck von der Römischen Kirche distanziert. Aufgrund ihrer geographischen Lage wird sie auch 'Ostsyrische Kirche' genannt. Obwohl noch vieles über sie unklar ist, wird meistens anerkannt, dass die Nestorianer viel missionierten und wegen ihrer Gelehrsamkeit und Übersetzungstätigkeit von großer Bedeutung waren. In den theologischen Auseinandersetzungen mit ihren Gegnern wurden diese Fähigkeiten verwendet. So auch mit dem neuen Islam, dem sie Vieles des griechischen Erbes vermittelten.

Über die ersten bewegten Jahrhunderte des Islam gibt es, außer seiner eigenen mündlich überlieferten Tradition, die erst um 830 festgelegt wurde, wenig schriftliche Außenbelege. Aber auch für die Nestorianer ist die Quellenlage manchmal dürftig, und Alter, Verfasser und Authentizität sind manchmal schwer einzuschätzen. Vieles muss deswegen mit Vorbehalt gelesen werden. Da die neuen arabischen Herrscher die Fähigkeiten der nestorianischen Elite sich öfters zu Nutze machten, scheint eine Beeinflussung unumgänglich gewesen zu sein. Aber die Begegnung musste andererseits auch Einfluss auf die Nestorianer ausgeübt haben.

Wie diese gegenseitige Beeinflussung ausgesehen haben könnte, versucht diese Arbeit in Ansätzen zu beschreiben. Vier Schwerpunkte sind dabei zu unterscheiden: Die Theologie, bzw. Christologie, die Übersetzungstätigkeit und die Bildung, die Rolle der arabischen Stämme im thematisierten Raum und schließlich die Religionsgespräche.

Im ersten Teil wird die Nestorianische, oder Ostsyrische, Kirche dargestellt. Nach einer kurzen Beschreibung ihrer Entwicklung und ihrer speziellen Position im sassanidischen Reich, in der diese keine Staatsreligion war und wodurch sie auch selbst beeinflusst wurde, werden Aspekte ihrer Theologie beleuchtet. Um einen besseren Einblick in das geistige Klima zu erhalten, woraus ihre Gelehrsamkeit gespeist wurde, wird ihre theologische Ausbildung ausführlicher behandelt. Auch das Mönchtum und die Gelehrsamkeit am Hof werden weiterhin beschrieben. Der erste Teil endet mit einer Beschreibung ihrer Verbreitung und Mission.

Im Mittelteil werden die arabischen Stämme, die nördlich der Arabischen Halbinsel -wie in Syrien und Irak- lebten, beschrieben. Nicht nur wegen ihrer geographischen Lage, sondern auch wegen ihrer Verbindung mit einerseits den dortigen Christen, und andererseits mit den arabischen Stämmen der Halbinsel nahmen sie schon eine Mittelposition ein. Die Frage, ob sie bei der Entwicklung des Islams auch eine Rolle spielten, wird angesprochen.

Im dritten und größten Teil werden zuerst die Kenntnisse christlicher Traditionen unter den Arabern beschrieben. Die Begegnung der Nestorianer mit den Muslimen unter den Umayyaden und den Abbasiden wird beleuchtet. Versucht wird, eine Christologie im Koran zu zeigen und diese mit der nestorianischen zu vergleichen. Auch auf die Position der Christen, bzw. Nestorianer im Koran und unter den islamischen Herrschern wird eingegangen. Wie im ersten Teil folgt nach der Beschreibung der Theologie und Geschichte eine Darstellung der Übersetzungstätigkeit, Bildung und Wissenschaft. Die Philosophie wird dabei extra beleuchtet, weil sie in der interreligiösen Debatte eine große Rolle spielte. Einige Beispiele davon werden besprochen, wie die Debatte zwischen dem Kirchenleiter Timotheus I und dem Kalifen al-Mahdi, in der viele Aspekte der damaligen Themen und Methoden zu finden sind. Am Ende werden die möglichen Wechselwirkungen zusammengefasst.

Die Schreibweise der Namen und Begriffe, die sich in vielen Variationen vorfinden, schließt sich möglichst dem von Baum und Winkler[1] an, die auch auf diakritische Zeichen verzichten. Außer bei den Zitaten, wird sonst eine einheitliche Schreibweise angestrebt. Syrische und arabische Fachbegriffe werden kursiv geschrieben.

---

[1] Baum, W. /Winkler, D., Die Apostolische Kirche des Ostens. Geschichte der sogenannten Nestorianer.

I. Die Nestorianer vor dem Islam

1. Entstehung der Nestorianischen bzw. Ostsyrischen Kirche

1.1. Geschichtlicher Überblick

Die sogenannte Nestorianische Kirche ist im 5. Jh. als eine selbständige Kirche aus dem syrischen Christentum entstanden, das sich weit über das damalige Perserreich ausgebreitet hatte. Das antike Syrien bestand ungefähr aus dem Gebiet der heutigen Staaten Syrien, Libanon, Israel, Palästina, Jordanien und ein Teil Iraks. Der westliche Teil gehörte dem Römischen Reich an.
Die Anfänge sind in Legenden um eine apostolische Gründung gehüllt, aber erst seit dem frühen 3. Jh. gibt es hierfür viele Belege. Von Edessa und Nisibis verbreitete sich ein sehr vielfältiges Christentum, das auch vom Asketismus des Markion, von Bardesanes und von Mani mit seinen dualistischen Zügen geprägt war. Wahrscheinlich sind die ersten christlichen Gemeinden aus Juden, die seit dem babylonischen Exil in Mesopotamien und jenseits des Tigris lebten, hervorgegangen. Zu dieser Zeit beherrschten sie den Seidenhandel mit China. Edessa lag am bedeutsamen Verkehrswege vom Mittelmeer nach China und so konnte sich die neue Religion schnell verbreiten. Edessa wurde so wichtig für das syrische Christentum, dass der aramäische Dialekt dieser Stadt, das Syrische, die Bibel- und Liturgiesprache des ganzen Gebietes bestimmte.
Die meisten Christen in Persien stammen aus der aramäischen Bevölkerung. Dazu gruppierten sich ab dem 3. und 4. Jh. griechisch sprechende Christen aus Antiochien, Kappadokien und Syrien, die geflüchtet waren oder von den Persern deportiert wurden. Viele von ihnen scheinen noch bis zum 5. Jh. ihre griechische Sprache beibehalten zu haben und ihrer eigenen Kirche angehört zu haben. Am Ende des 3. Jh. wurden 'Nazoräer' (*nasraye*) und 'Christen' (*krestyane*) unterschieden. Wahrscheinlich betraf es lokale Aramäer bzw. aus Syrien deportierte Griechisch sprechende Christen.[2]
Zwischen 226 und 337 war die Kirche noch unabhängig, wuchs ungestört weiter und entwickelte eine zentralisierte Organisation. Als die Sassaniden um 225 die Macht über Persien (den heutigen Iran und weite Teile des Iraks) ergriffen, ernannte sich der erste König zum König der Könige (Shahinshah) und Gott.[3]
Die Regierung wurde zentralisiert und Patriotismus wurde wichtig. Der Zoroastrismus wurde als Staatsreligion immer bedeutender, wobei Apostasie den Tod verdiente. Es kam zu Spannungen zwischen ihren und den Bräuchen der Christen. Young beschreibt, dass die Ehe verpflichtet und das Zölibat also verboten war. Um so viele Kinder wie möglich zu bekommen, war Polygamie erlaubt. Die Reinheit der Kaste war wichtig, und daher durfte man seine Schwes-

---

2 Siehe: Winkler, Zeitalter der Sassaniden, 13ff.
3 Siehe dazu: Young, Patriarch, Shah and Caliph, 17.

ter oder Tochter heiraten. Weil es Pflicht war gesund zu bleiben, wurde jede Art des Fastens oder der Askese verboten.[4]

Unter dem sassanidischen König Shapur II (309-379) begannen die Verfolgungen. Vor allem, nachdem das Christentum die Staatsreligion des verfeindeten Römischen Reiches wurde, standen alle Christen in Persien unter Verdacht Anhänger dieses Erzfeindes zu sein. Zwischen 339 und 379 kam es zu blutigen Christenverfolgungen. Als Rom 363/364 große Gebiete an die Perser verlor, gelangten Nisibis und sechs Bistümer des Patriarchates von Antiochien endgültig ins persische Reich und es wurden wieder Christen verfolgt und in weit entfernte Provinzen deportiert. Viele Christen aus Nisibis flüchteten nach Edessa, das noch römisch war und zum Patriarchat von Antiochien gehörte.

Die syrische Christenheit wurde also in einen östlichen und westlichen Teil gespalten. Nachdem auch das geschwächte Römische Reich sich 395 in einen westlichen, lateinischen Teil und einen östlichen, griechischen Teil (Byzanz) getrennte hatte, unterstanden die Christen in Westsyrien den byzantinischen Herrschern. Byzanz betrachtete sich mit seiner Hauptstadt Konstantinopel als den legitimen Nachfolger Roms. In Ostsyrien mussten die Christen sich mit ihren persischen Machthabern abfinden. Eine formale Distanzierung von der byzantinischen Reichskirche und einige Reorganisationen waren erforderlich.[5]

Um 410, als die Goten Rom eingenommen hatten, schloss Byzanz Frieden mit Persien, das damals vom Shah Yazdgard I (399-420) regiert wurde. Dieser rief die Bischöfe zusammen in die Hauptstadt Seleukia-Ktesiphon und legte dort seine Dekrete vor, worin er die Kirche unter gewissen Bedingungen legalisierte. Young vergleicht diese mit den Dekreten der Bibel, vom persischen König Artaxerxes für Ezra, denn bei beiden liegt die Initiative beim König, der das religiöse Haupt installiert, dem alle gehorsam sein sollen.[6] Die autokephale 'Kirche des Ostens' entstand also im Jahre 410 auf dieser ersten Synode,[7] und rezipierte die dogmatischen und kirchenrechtlichen Beschlüsse von Nicäa (325) und Konstantinopel (381). Die Kanones und das Glaubensbekenntnis wurden jedoch angepasst. Statt zu sagen, dass 'Jesus Fleisch geworden ist', wird davon gesprochen, dass er 'einen Leib anzog'. Diesen Ausdruck trifft man öfter in den nestorianischen Texten.

---

4 Ebd., 6.
5 Siehe dazu: Winkler, Zeitalter der Sassaniden, 13-20.
6 Siehe dazu: Young, Patriarch, Shah and Caliph, 27-33.
7 Die Protokolle der Synoden der Ostsyrischen Kirche sind im Syndicon Orientale enthalten, die wahrscheinlich von Timotheus I gesammelt wurden. Im Allgemeinen seien sie zuverlässig. Siehe dazu: Young, Patriarch, Shah and Caliph, 27f.

Der Text des Glaubensbekenntnisses 410 findet sich in zwei Fassungen. Es hatte eine anhaltende Diskussion gegeben, welche der beiden Versionen 410 rezipiert wurde. Die ostsyrische Version, die enthalten ist in *Das Buch der Synhados*, stellt eine genaue Übersetzung des nikänischen Glaubensbekenntnisses dar. Die westsyrische Version ist aber älter und original.[8]

Glaubensbekenntnis 410 (Die westsyrische Fassung)

Wir glauben an einen Gott, den Vater, der in seinem Sohn Himmel und Erde machte.
Und in ihm wurden begründet die Welten oben und unten, und in ihm machte er eine Auferstehung und eine Erneuerung der ganzen Schöpfung.

Und an seinen einen Sohn, der gezeugt wurde von ihm, das heißt von der Substanz seines Vaters, Gott von Gott,
Licht von Licht, wahrer Gott von wahrem Gott, gezeugt und nicht geschaffen, der von der gleichen Natur ist mit dem Vater,
der für uns Menschen, die durch ihn geschaffen wurden, und für unser Heil herabstieg,
einen Leib anzog und Mensch wurde,
und litt und aufstand am dritten Tag, und in den Himmel aufstieg, und er setzte sich zur Rechten des Vaters, und kommt zu richten die Toten und die Lebendigen.
Und wir bekennen den lebendigen und hl. Geist, den lebendigen Parakleten, der vom Vater und vom Sohn (iot), in einer Trinität, in einer Substanz, in einem Willen.[9]

Zum Vergleich: Die ostsyrische Fassung

Wir glauben an einen Gott, den Vater, den allmächtigen Vater, Schöpfer Himmels und der Erde und alles Sichtbaren und Unsichtbaren.
Und an einen Herrn Jesum Christum, den Sohn Gottes, der geboren ist vom Vater als der Einzige d. h. aus dem Wesen des Vaters, Gott von Gott und
Licht vom Licht, wahrer Gott vom wahrem Gott, der geboren ist und nicht gemacht, gleichen Wesens mit dem Vater, durch den Alles geworden ist, was im Himmel und was auf Erden,
der wegen uns Menschen und wegen unserer Erlösung vom Himmel herabstieg
und Leib und Mensch wurde
und litt und nach drei Tagen auferstand und zum Himmel auffuhr und kommt zu richten Lebendige und Tote.
Und an den h. Geist. Diejenigen aber, welche sagen, es war da er nicht war und vor er geboren wurde war, er nicht, oder von nichts ist er geworden, oder (die) von Personen oder einem anderen Wesen sagen, dass er ist, oder (die) den Sohn Gottes für (geschaffen), veränderlich und wandelbar halten, die anathemisirt die katholische Kirche und apostolische Kirche.[10]

---

8 Winkler, Die apostolische Kirche des Ostens, 21.
9 Zitiert nach: Winkler, Die apostolische Kirche des Ostens, 21.
10 Braun, Das Buch der Synhados, 15f.

Gleich wurden die Doppelkirchen von aramäischen und griechischen Christen aufgehoben. Die Kirche wurde zentralisiert und der Primat kam dem Bischof von Seleukia-Ktesiphon zu.[11] Die Kirche wurde in sechs Provinzen eingeteilt.[12] Alle Christen sollten dem *Katholikos*, Oberhaupt der Ostsyrische Kirche, der von dem Shah installiert wurde, gehorchen. Sonst hätte sie der Staat bestraft. Etwas später, noch im 5. Jh. wurde der Katholikos auch *Patriarch* genannt. Ein weiteres Dekret verbot die Privatliturgie zu Hause. Mit diesen Dekreten bekam der Shah eine effiziente Kontrolle über die Kirche.

Unter Yazgard durfte der religiöse Leiter zwar Gesetze aufstellen, aber diese sollten vom Staat genehmigt werden.[13] Der Shah schien sich aber vorerst nicht sehr in das Kirchenleben eingemischt zu haben.[14] 424 wurde die Eigenständigkeit der Ostsyrischen Kirche weiter bekräftigt.[15] In den Konzilien von 484 und 486 bestätigte sie die antiochenische Christologie des Nestorius, die gerade auf dem Konzil von Ephesus 431 von der römischen Reichskirche verurteilt worden war. Damit setzte sie sich von der Reichskirche ab und wurde von dieser als 'Nestorianische Kirche' bezeichnet.[16]

1.2. Zur Terminologie

Winkler führt an, dass der Begriff 'Nestorianische Kirche' unzutreffend sei, da Nestorius nur eine kleine Rolle gespielt habe und das erste christologische Bekenntnis von 486 ungerechtfertigt als häretisch beurteilt worden sei.[17]

Bezüglich der Oeconomie Christi bestehe unser Glaube in dem Bekenntnisse der zwei Naturen der Gottheit und Menschheit und niemand aus uns wage es, eine Mischung, Vermengung oder Verwirrung in die Verschiedenheit dieser beiden Naturen einzuführen. Sondern indem Gottheit und Menschheit in dem Ihrigen bewahrt bleiben, vereinigen wir die individuellen Naturen zu einer Herrschaft und einer Anbetung wegen der vollkommenen, untrennba-

---

11 Siehe Winkler, Zeitalter der Sassaniden, 20f.
12 Die 6 Provinzen mit ihren Metropolien sind:
　Babylon, Seleukeia-Ktesiphon
　Susiana (heutige Khuzistan), Bet Lapat (Gundesapur)
　Nordmesopotamien (Bet- 'Arabaje), Nisibis
　Mesene (Maisan), Perat-Maisan (Basra)
　Adiabene (Hedajjab), Arbela (Irbil)
　Garamaea (Bet-Garmai), Karka d-Bet-Selok (Kerkuk)
　Später kamen hinzu: Persis mit Rew Ardashir (5. Jh.) und Merw (Margiana) im 6. Jh.
　Noch später folgten Hulwan, Herat, Samarkand, Indien und China.
　Siehe Müller, Geschichte der orientalischen Nationalkirchen, 294f.
13 Siehe dazu: Young, Patriarch, Shah and Caliph, 31-38.
14 Ebd., 55.
15 Winkler, Zeitalter der Sassaniden, 24f.
16 Hage, Art. Nestorianische Kirche, 266.
17 Siehe: Winkler, Die Apostolische Kirche des Ostens, 11f und 32ff.

ren Anfügung [...], welche von Seiten der Gottheit an die Menschheit geschah. Wenn aber jemand denkt oder lehrt, dass Leiden und Veränderung der Gottheit unseres Herrn anhaftet und bei der persönlichen Einigung unseres Erlösers das Bekenntnis des vollkommenen Gottes und vollkommenen Menschen nicht aufrecht erhält, der sei Anathema.[18]

Mit dem Begriff 'Nestorianismus' wurde bis vor kurzem eine Häresie bezeichnet, in der die zwei Naturen Christi auseinander gerissen worden seien. Erst seit dem 20. Jh. änderte sich diese Lage und es wurde meistens anerkannt, dass der historische Nestorius die Naturen zwar unterschied, aber nicht trennte.[19]
In den frühen ostsyrischen Quellen wurde sie 'Kirche des Ostens' genannt, weil sie als das östlichste Patriarchat innerhalb des damaligen Römischen Reiches betrachtet wurde. Dieser Name kann aber Verwirrung stiften, weil dieser Name zu sehr dem Begriff 'Ostkirche' ähnelt, einem anderen Namen der sogenannten Orthodoxen Kirche von Byzanz, die sich 1054 letztendlich von der 'Westkirche' trennte. Deshalb wird in dieser Arbeit meist von der 'Ostsyrischen Kirche' gesprochen. Diese Benennung bezieht sich auf die liturgische Tradition und die syrisch-aramäische Sprache dieser Kirche.[20]
Da die Begriffe 'Nestorianismus' und 'Nestorianer' sich so eingebürgert haben und auch ohne pejorative Bedeutung benutzt werden, schließt sich diese Arbeit manchmal daran an.[21]

2. Der theologische Hintergrund

2.1. Die Theologie von Theodor von Mopsuestia

Theodor von Mopsuestia (352-428) war der wichtigste Theologe der Ostsyrischen Kirche. Narsai (gest. nach 503) erhob seine in das Syrische übersetzten Bibelkommentare zum Standard für den Exegeseunterricht. Damit wurde Theodor hier der einflussreichste griechische Kirchenvater. Die Synode im Jahre 605 erhob ihn, nach internen Krisen und Streit über die Christologie, zur unumstößlichen Norm der ostsyrischen Orthodoxie.[22]

---

18 Braun, Das Buch der Synhados, 67.
19 Markschies, Art. Nestorianismus, 205.
20 Siehe dazu: Winkler, Die Apostolische Kirche des Ostens, 11f.
21 Diese Kirche hat während ihrer langen Geschichte viele Namen erhalten. Dazu gehören z.B.: 'Apostolische Kirche des Ostens', 'Heilige Apostolische Katholische Assyrische Kirche des Ostens' (die heutige Eigenbezeichnung) und 'Persische Kirche'. Heute zählt sie etwa 385.000 Gläubige. Der Sitz des Katholikos-Patriarchen ist in Chicago. Die Kirche hat vier Metropoliten mit Sitz in Bagdad, Beirut und Trichur. Acht Bischöfe betreuen weitere Gemeinden, die über die Welt verstreut sind. In den Ursprungsländern sind noch relativ kleine Gruppen da: Iran (ca. 20.000), Syrien (ca. 25.000) und Irak (ca. 45.000). Siehe dazu ebd., 11f und 135f.
22 Ebd., 30, 38.

Theodor lehnte die Allegorisierung ab, es sei denn, dass es vom Text selbst gefordert wird.[23] Einige dominante Themen in seinem Werk sind die Dichotomie der heutigen und der zukünftigen Welt. Damit reduzierte Theodor die alte Unterscheidung der Heilsgeschichte von drei großen Perioden (Paradies, die heutigen Welt nach Adams Vertreibung aus den Paradies, und die Zukunft worin der Paradieszustand wieder restauriert wird) auf zwei. Erst gibt es die heutige Welt der Sterblichkeit, die schon mit Adam anfängt und mit dem Kommen von Christus endet. Dann kommt die zukünftige Welt der Unsterblichkeit. Da Adam schon vom Anfang sterblich war, war der Tod also keine Strafe für Adams Sünde.[24]

In der heutigen sterblichen Welt ist man wie in einer Schule zum Unterricht da und soll sich in den Tugenden üben. Denn Gott hat dem Menschen, der als Ebenbild Gottes betrachtet wird, einen freien Willen gegeben, damit er zwischen Gut und Böse zu unterscheiden vermag. Die menschliche Vernunft ist auf Moral und Ethik bezogen. Sie vermittelt zwischen dem sterblichen Verlangen und den Forderungen des Gesetzes, das Gott in seiner Gnade den Menschen gegeben hat. Weil die Sünde immer eine Aktivität des Willens ist, war Theodor gegen das Konzept der Erbsünde.[25]

Aufgrund der Transzendenz und Omnipotenz Gottes ist er unerkennbar für die Schöpfung. Die Engel aber erkennen ihn an den Effekten seines kreativen Wortes auf der Welt. Sie verwenden ihre Vernunft, indem sie die Objekte dieser Welt mittels eines Analogieprozess vergleichen, damit sie letztendlich etwas über Gott lernen können. Die Menschen sollten den Engeln nachfolgen.

Christus war die letzte Instanz der göttlichen Gnade. Mit ihm beginnt die Geschichtsperiode der Unsterblichkeit.[26] Theodor unterschied die zwei Naturen Christi und berücksichtigte auch die biblische Tradition, die sie als Einheit betrachtete. Laut Vööbus entwickelte er dafür den Begriff *prosopon*, der meist mit 'Person' übersetzt wird.[27] Theodor betrachtete Jesus als einen Erzheiligen, in dem der göttliche Logos Wohnung genommen hatte, weil er sich als Mensch ausgezeichnet hatte. Eine Personalunion von Gott und Mensch oder eine Vergottung des Menschen Jesus kam für ihn nicht in Betracht. Seine Christologie war mehr liturgischer Art, da Christus zur Liturgie gehört und dort wohl gelobt werden muss. Diese Ehre ist so untrennbar mit ihm verbunden, dass es als seine *Prosopon* betrachtet wird.[28]

---

23 Siehe dazu: Tremp, Art. Theodoros, Bf. von Mopsuestia, 1415.
24 Siehe dazu: Vööbus, History of the School of Nisibis, 262f.
25 Schon Aphrahat und Ephräm teilten diese Auffassung der Sünde. Siehe dazu: Vööbus, History of the School of Nisibis, 257 ff.
26 Becker, A.H., Fear of God, 117-123.
27 Siehe: Vööbus, History of the School of Nisibis, 253ff.
28 Kawerau, Das Christentum des Ostens, 50ff.

Die Person Christi.
Von Person wird auf eine doppelte Weise gesprochen: entweder nämlich bezeichnet sie das individuelle Selbst und etwas, was jeder einzelne von uns ist. Oder sie wird der Ehre und Größe und Anbetung zuerkannt. Zum Beispiel: Paulus und Petrus bezeichnet das individuelle Selbst und die Person von jedem einzelnen von ihnen. Die Person aber unseres Herrn Christus bezeichnet Ehre und Größe und Anbetung. Weil nämlich der Gott Logos in der Menschennatur (im menschlichen Geschlecht) sich offenbarte, hat er die Ehre seines individuellen Selbst der Sichtbarkeit genähert. Und deswegen bezeichnet die Person Christi, daß sie Ehre ist, nicht aber, daß sie eine Substanz aus zwei Naturen ist.
Ehre nämlich ist weder Natur noch individuelles Selbst, sondern eine Erhöhung von großer Würde, die zuerkannt wird wegen der Offenbarung. Eben das nämlich, was für den Kaiser Purpurgewänder oder die Stola der kaiserlichen Majestät sind, genau das ist für den Gott Logos der Anfang, der aus uns genommen wurde, nicht trennbar, nicht ablegbar, nicht entfernbar in der Anbetung. In gleicher Weise also, wie nicht durch Natur der Kaiser Purpurgewänder hat, so hat auch nicht der Gott Logos durch Natur Fleisch. Selbst wenn jemand annimmt, daß nach natürlicher Weise der Gott Logos Fleisch hat, ist das doch etwas Fremdes für die Gottheit, weil der Gott Logos eine Veränderung erfährt durch die Hinzufügung einer Natur.[29]

Dieses Verständnis der Einwohnung und Ehre könnte den jüdischen Begriffen *schechina* und *kavod* entsprechen. Der Begriff *schechina* (Einwohnung) ist von den Rabbinern neu geschaffen und bezeichnet die Einwohnung und Gegenwart Gottes im Heiligtum. Damit benannten die Rabbiner das Wunder, dass der unbegrenzte Gott in begrenzten Orten wirksam gegenwärtig sein kann. Es wird im Zusammenhang mit dem biblischen Begriff *kavod* (Herrlichkeit) gesehen. Im frühjüdischen Sprachgebrauch ist *schechina* kein von Gott selbst zu unterscheidendes Mittelwesen, sondern ist Gott selbst. Es bringt das Paradoxon vom transzendenten Gott und seiner Gegenwart in begrenzten, menschlichen Verhältnissen zum Ausdruck. Ein Midrasch lehrt, dass die Nähe oder Ferne Gottes allein vom ethischen Verhalten der Menschen abhängt. Ist der Mensch gerecht, tritt Gott aus seiner Transzendenz hervor und ist der ganz persönliche und personhafte Gott mitten in Israel. Gott ist also da, wo der gerechte Mensch ist. Wenn der Mensch in der *imitatio dei* zum Ebenbild Gottes wird, dann ist Gott in dieser irdischen Welt.[30] Mit diesen Begriffen und deren Erklärung scheinen die Aussagen von Theodor von Mopsuestia und Nestorius sich gut vergleichen zu lassen.

---

29 Fragment aus dem 18. Buch gegen Eunomius, zitiert nach Kawerau, 51f. Kawerau nach sind die entsprechenden syrischen und griechischen Äquivalente der wichtigsten Begriffen folgendes: Person = Parsopa = prosopon; das individuelle Selbst = Qenoma = hypostasis; Substanz = Usija = ousia; Natur = Kejana = physis.
30 Siehe: Grözinger, Jüdisches Denken, 254ff.

2.2. Der christologische Streit im 5. Jahrhundert

Im 5. Jahrhundert wütete in der Christenheit ein Streit um die Frage, wie sich die menschliche und göttliche Natur in Jesus verhielten. Theologische, hermeneutische, machtpolitische, nationale, persönliche, aber auch sprachliche Missverständnisse spielten dabei alle eine Rolle. Das Christentum, und sicher das in Syrien, war vielfältig und die Streitlinien bewegten sich auch innerhalb der sich ändernden Gruppierungen.

Zwei theologische Ansätze konkurrierten: die Patriarchate von Antiochien und Alexandrien, die beide um die Vorherrschaft der Reichskirche in Konstantinopel stritten. Konstantinopel war die neue Welthauptstadt, das 'Neue Rom' geworden und damit eine Bedrohung für die anderen Patriarchate. Daher bemühten die Patriarchen von Antiochien und Alexandrien sich, jeder seinen eigenen Kandidaten für das Amt des Bischofs von Konstantinopel durchzusetzen. Es war nicht ungewöhnlich, die andere Partei dabei zu verleumden.[31]

Die antiochenische Lehre war von Theodor von Mopsuestia beeinflusst. Ihre Exegese war literarisch, buchstäblich und historisch geprägt. Als Folge davon musste sowohl die Gottheit des Wortes als auch das volle Mensch-Sein Christi, mit allen seinen Konsequenzen, erkennbar bleiben. Deswegen betonten die Antiochener in ihrer Christologie die genaue Unterscheidung zwischen göttlicher und menschlicher Natur (Diphysitismus, Zwei-Naturen-Lehre). Darüber hinaus forderte ihre Soteriologie den Unterschied zwischen der fernen Gottheit und Christus. Denn das Heil war lediglich zu den Menschen gekommen, indem Christus die volle menschliche Natur angenommen hat. Gerade wegen dieser Unterscheidung von Gottheit und Menschheit, wurde den Antiochenern vorgeworfen, dass sie in Christus zwei Subjekte, zwei Personen oder zwei Söhne unterschieden ('klassischer Nestorianismus').[32]

Diese Unterscheidung kann auch aufgrund ihrer Anwendung der aristotelischen Philosophie verstanden werden. Vor allem das aristotelische Form-Materie-Schema führte zu einer strengen Trennung der Gottheit und der Menschheit in Christus und zu einem Verständnis der Erlösung als einen historischen und ethischen Vorgang.[33]

Die alexandrinische Auffassung bevorzugte dagegen die allegorische Exegese und dachte unter dem Einfluss des Platonismus vom Logos aus. Adam Becker erklärt übrigens die Unterschiede zwischen der Exegese von Antiochien und Alexandrien vor allem an der Ähnlichkeit der ersteren mit der Exegese der Rabbiner. Denn sie sahen in dem Vorhandensein mehrerer Schriften der Bibel unterschiedliche Unterweisungen Gottes an die verschiedenen Generationen. Die Alexandriner dagegen erklärten das Alte Testament nur vom Neuen Testament aus und erlaubten nur eine einzige Christologie, was eine allegorische In-

---

31 Siehe dazu: Brown, Die Entstehung des christlichen Europa, 86f.
32 Winkler, Zeitalter der Sassaniden, 26f.
33 Siehe dazu: Kawerau, Das Christentum des Ostens, 48.

terpretation mit sich brachte.³⁴ Die alexandrinische Soteriologie lehrte, dass die Erlösung nur von Gott vollzogen werden kann und daher musste Christus wohl vergottet werden. Die Erlösung wurde also als eine physische Vereinigung Gottes mit dem Menschen in Christus betrachtet.³⁵ Damit war es leichter, sich direkt an Christus als Gott zu wenden, die Zwischengestalten der älteren Theologie waren nicht mehr notwendig und Christus war nicht mehr nur ein besonders privilegierter Bote Gottes.³⁶ Gerade die Betonung der Einheit von Gottheit und Menschheit in Christus, die 'eine Natur (*mia physis*) des fleischgewordenen Logos', war also wichtig. Deswegen wurden den Alexandrinern vorgeworfen, dass sie die göttliche und die menschliche Natur Christi miteinander vermischten und dass die menschliche Natur dabei absorbiert würde ('klassischer Miaphysitismus').³⁷

Nestorius, von 428-431 Bischof von Konstantinopel, wurde von der antiochenischen Theologe Theodor von Mopsuestia beeinflusst. Christus war für Nestorius sowohl ein wahrer Gott als ein wahrer Mensch. Als vollkommener Mensch hat er, durch seine beispielhafte Gehorsamkeit bis in den Tod, das Gute im Menschen wiederaufgerichtet.³⁸

Gerade in Bezug auf die Geburt und den Tod Jesu spitzten sich nun die Schwierigkeiten bei der Unterscheidung der zwei Naturen zu. Als dann auch ein Streit entbrannte, ob Maria der Titel *Theotokos* (Gottesgebärerin) zukam, ging das Nestorius zu weit und er entschied sich für *Christotokos* (Christusgebärerin). Sein alexandrinischer Rivale Kyrill benutzte das, um gegen ihn vorzugehen. 431 wurde Nestorius tatsächlich verurteilt und abgesetzt. Der Vorwurf war, er lehre zwei Söhne, vertrete einen Adoptianismus und verstehe die Einheit von Logos und Menschheit rein äußerlich. Nestorius bestritt dies und versuchte noch, jedoch erfolglos, zu erklären, dass für ihn Christus der vom Logos angenommene Mensch sei, in dem dieser wie in einem Tempel wohnt. Die beiden Naturen haben dabei zwar ihre eigenen Besonderheiten, formen aber zusammen eine Einheit. Nestorius bediente sich vor allem der antiochenischen Theologie, um die Einheit zu erklären: Das *Prosopon* (Person) des *Logos* (als Erscheinungsweise einer konkreten Natur) macht vom *Prosopon* der Menschheit Christi Gebrauch, so dass beide *Prosopa – Logos* und Menschheit- in ihrer Verbindung wiederum ein einziges *Prosopon* bilden sollen.³⁹

Die Parteien kämpften jedoch weiter.

---

34 Becker, A.H., Fear of God, 118.
35 Kawerau, Das Christentum des Ostens, 47.
36 Brown, Die Entstehung des christlichen Europa, 88ff.
37 Winkler, Zeitalter der Sassaniden, 27.
38 Siehe: Amato, Art. Nestorius. Nestorianismus, 745f.
39 Siehe dazu: Böhm, Art. Nestorius, 206f.

2.3. Die Fortführung des Streites im Sassanidenreich

In der Folge des christologischen Streites waren am Ende des 5. Jahrhundert im Persisch-Syrischen Bereich drei wichtige christliche Hauptströmungen entstanden, die einander manchmal erbittert bekämpften. Neben den ostsyrischen Christen gab es die sogenannten *Miaphysiten* und die *Chalkedonier*. Die chalkedonische Orthodoxie war im byzantinischen Reich die einzig erlaubte Religion. Wegen ihrer Verfolgungen wurde sie gehasst. Sie werden auch *Melkiten* genannt, da sie dem byzantinischen Herrscher (*malik*) anhingen. Die Name 'Chalkedonier' bezeichnet, dass sie an der Christologie von Chalkedon aus 451 festhielten: Eine Person Christi in zwei Naturen, die jedoch weder miteinander vermischt oder ineinander verwandelt noch geschieden oder getrennt sein sollten.[40]

Die Miaphysitische[41] Kirche war im Jahre 451 im west-syrischen Bereich in einer Reaktion auf das Konzil von Chalkedon entstanden. Obwohl die diphysitische Anschauung dieses Konzils mehr derjenigen der Ostsyrischen Kirche ähnelte, wurde sie davon kaum rezipiert, war aber gerade für die miaphysitische Anschauung so inakzeptabel, dass diese sich formell trennte. Neue (National-) Kirchen entstanden daraufhin.

Als die Miaphysitische Kirche in Westsyrien ab 518 verboten und verfolgt wurde, wuchs sie weiter in Ostsyrien.[42] Dort befanden sich schon seit 489 Glaubensgenossen wegen Abspaltungen aus der Ostsyrische Kirche selbst.[43] Sie bekämpfte dann die exklusive Stellung der Ostsyrische Kirche in Persien. Unter Chosrau I (531-77) wurde die führende Rolle der Nestorianer von den Miaphysiten, mit ihrem wichtigen Kloster Mar Mattai, übernommen. Shiggar, südlich von Nisibis war eines ihrer wichtigsten Studienzentren des 6. und 7. Jh. und hatte eine führende Rolle beim Übersetzen und Kommentieren griechischer Werke der aristelischen Philosophie.[44]

Zwischen 522 und 630 mischte sich der Staat bei der Ernennung der Patriarchen immer mehr ein, wobei gleichzeitig der christliche Einfluss zunahm.[45] Dieser war aber zugunsten der Miaphysiten, die aufgrund ihrer besseren Beziehungen am Hof inzwischen mächtiger wurden.

---

40 Siehe: Moeller, Geschichte des Christentums, 104. Weiter werden die Anhänger dieser Kirche 'Chalkedonier' genannt.
41 Auch hier sind im Laufe der Zeit mehrere Namen entstanden. Zum Beispiel: monophysitische -, westsyrische -, henophysitische -, und jakobitische Kirche. Obwohl es einige Differenzen geben kann, wird hier weiter meist von 'Miaphysiten' gesprochen.
42 Siehe dazu: Spuler, Die Morgenländischen Kirchen, 54-58.
43 Ebd., 11.
44 Siehe dazu: Trimingham, Christianity Among the Arabs, 168ff.
45 Siehe dazu: Young, Patriarch, Shah and Caliph, 75f.

2.4. Das Religionsgespräch 612

Seit 602 war das Persische Reich weit gegen Westen ausgedehnt und wurde auch das arabische Königreich Hira eingenommen. Im Jahre 612 veranlasste Chosrau II eine Religionsdisputation zwischen den Ost- und Westsyrern,[46] um zu bestimmen, welcher Kirche die führende Position unter den Christen zukam.[47] Zu dieser Zeit suchte Hnana, das wegen seiner fast miaphysitischen Ansichten umstrittene Haupt der Schule von Nisibis, Anschluss bei den Kreisen um Chosrau. Er hatte auch eine enge Verbindung mit dem Mönchtum, das gerade wieder in die Ostsyrische Kirche integriert war. Die Auseinandersetzung der Nestorianer war damit gleich gegen die dissidenten Bewegungen innerhalb der eigenen Kirche gerichtet.

Vielleicht ergriff der Miaphysit Gabriel von Siggar, der vorher selbst Nestorianer war, die Initiative. Er war Hofarzt und war beim König hoch angesehen, da er seiner Lieblingsfrau Sirin einen Sohn verschaffte. Ursprünglich Miaphysit, trat er zum Nestorianismus über. Als er wegen Bigamie exkommuniziert wurde, trat er wieder zum Miaphysitismus zurück.[48] Gabriel hat schon vorher Chosrau vorgeschlagen, Hnana als Katholikos zu benennen.[49] Chosrau stellte drei Fragen: Sind die Nestorianer oder die Mönche (hier werden Miaphysiten gemeint) zuerst vom Glauben der Apostel abgewichen? Hat Maria einen Mensch oder Gott geboren? Sagte schon vor Nestorius jemand, Christus habe zwei Naturen und zwei Substanzen? In ihrer Antwort, dem Glaubensbekenntnis 612, betonten die Nestorianer die Einheit Gottes, ohne jegliche menschliche Züge.

Wir glauben an die eine göttliche Wesenheit:
Sie ist ewig, ohne Beginn. Lebendig, alles belebend.
Mächtig, alle Mächte erschaffend. Weise, alle Weisheit schenkend.
Reiner Geist. Unendlich, unfassbar. Nicht zusammengesetzt und ohne Teile.
Unkörperlich. Unsichtbar und unwandelbar. Leidensunfähig und unsterblich.
Weder durch sie noch durch andere noch mit anderen
kann Leiden und Änderung eintreten;
denn vollkommen ist sie in ihrem Wesen und in ihrem Sein.
Weder Vermehrung noch Verminderung kann sie empfangen;
denn sie ist das Sein für sich selbst und Gott über alles.[50]

---

46 Siehe dazu: Winkler, Zeitalter der Sassaniden, 38ff.
47 Siehe dazu: Young, Patriarch, Shah and Caliph, 75.
48 Siehe dazu: Winkler, Zeitalter der Sassaniden, 38f; Vööbus, History of the School of Nisibis, 308.
49 Siehe dazu: Vööbus, History of the School of Nisibis, 316.
50 NestColl I, 150/151; II 88/89, zitiert nach: Schedl, Muhammad und Jesus, 524. Siehe auch: Braun, Das Buch der Synhados, 309f.

Einige Beispiele der Apologie der Bischöfe an König Chosrau sind:

Widerlegungen der Orthodoxen gegen diejenigen, welche Christum als eine Natur oder eine Person bekennen.
2) Indem du eine Natur oder Person in Christo bekennst, ist er gleicher Natur mit dem Vater oder mit Maria? Ist er Ersteres, so ist er einfacher, unbegrenzter Geist und es ist nichts von Maria angenommen. Ist er aber Letzteres, so ist er einfacher Mensch. Ist er aber Beides zugleich, so ist er wie der Vater und Maria 2 Naturen sind, ebenfalls 2 Naturen.[51]

Gegen diejenigen, welche fragen: Ist die h. Jungfrau Gottes – oder Menschengebärerin? [...]
2) Wenn Christus als wahrer Gott ohne Anfang vom Vater ist, als Mensch aber aus der Jungfrau einen Anfang nahm, wie hätte sie dann den, der aus ihr den Anfang nahm, nicht geboren und den Ewigen, der nicht aus ihr (ist), geboren?
3) Wenn Christus als Gott vom Vater seit Ewigkeit und von Maria in der Zeit geboren ist, so ist er als Gott zweimal geboren, als Mensch aber gar nicht.[52]

Und wie ein Weib, das einen aus Leib und Seelen zusammengesetzten Menschen gebärt, nicht Seelen-, sondern Menschengebärerin genannt wird, so soll auch der, welcher fälschlich Christus als eine aus Gottheit und Menschheit zusammengesetzte Natur bekennt, die Jungfrau nicht Gottes-, sondern Christusgebärerin nennen, weil aus dem Namen Gottesgebärerin Christi Menschheit nicht hervorgeht. Wenn aber die Jungfrau gemäss der Schrift Chistusgebärerin genannt wird, so ergibt sich, dass er in Gottheit und Menschheit gleichmässig ein Sohn Gottes ist. Ihm, seinem Vater und dem h. Geist sei Lob und Ehre jetzt und alle Zeit und in alle Ewigkeit. Amen.[53]

Die nestorianischen Bischöfe hatten aber wenig Erfolg. Chosrau verhinderte bis zu seinem Tod die Ernennung eines neuen Katholikos. Die Akten dieser Religionsdebatte wurden vom Verfasser abgeschlossen mit der Bemerkung:

Nachdem sie dieses Symbolum mit den angehängten Zeugnissen niedergeschrieben und dem König eingereicht, erhielten sie keine Antwort, sei es, dass das Heidentum nicht im Stande war, den Sinn weiser Theologie zu erfassen, sei es, dass der König sich von Gabriel, dem Haupt der häretischen Partei der Theopaschiten, beraten liess.[54]

Im Kampf gegen die Miaphysiten wurde also die ostsyrische Position unter Benutzung der Terminologie von Babai dem Großen (551-628) verschärft. Diese hat bis heute Geltung erlangt.[55] Jesus wurde im Glaubensbekenntnis zwar als Gottes Sohn betrachtet, aber die Sohnschaft wurde in einem neuen Sinn ver-

---

51 Braun, Das Buch der Synhados, 315f.
52 Ebd., 319.
53 Ebd., 330.
54 Ebd., 331. (Theopaschiten sind Anhänger der Lehre vom Leiden Gottes).
55 Siehe dazu: Winkler, Zeitalter der Sassaniden, 40.

standen. Die abstrakte Denkweise verbot es, die Gottheit in die Menschheit verwandeln zu lassen. Laut Schedl sei erst jetzt die Rede von einem Bruch mit der Konzilskirche, weil sie sich hier zur Lehre von zwei Personen in Christus bekannt habe und ausgesagt wird, dass der Mensch Jesus nicht Gott sein oder werden kann.[56]
Eine ähnliche Argumentationsweise scheint sich auch bei den Lehrentscheidungen gegen die Gottesmutterschaft, getroffen von Michael Malpana, zu finden. Er war ein Schüler von Hnana gewesen und lehrte an der Schule von Nisibis, bis er diese aus Protest gegen die Auffassungen von Hnana verließ.[57]

Wenn die heilige Jungfrau einzig Gottesgebärerin ist
dann hat sie wie der Vater den unendlichen Gott geboren.
Ferner:
Wenn sie einzig Gottesgebärerin ist,
ist sie außerhalb der Zeit Mutter Gottes des Wortes
Und ferner:
Wenn sie eines Menschen (Mutter),
dann ist sie nicht, kann sie nicht sein Mutter Gottes.
Wenn Gebärerin des Menschen Messias,
ist sie nicht Gottesgebärerin.
Sie kann es nicht sein und auch nicht genannt werden.
Und ferner:
Wenn das Wort des Vaters als Same aus der Jungfrau
zugleich Zusammensetzung, Wachstum, Ähnlichkeit,
Geschaffensein und Geborenwerden empfing,
empfing es (damit) lauter Menschliches,
also etwas, das sich verändert. –
Dies wenige genüge zum Weiswerden!

Auch seine einseitigen Argumentationen ad absurdum konnten zu einer Verneinung der Göttlichkeit Jesu führen.[58]

---

[56] Siehe dazu: Schedl, Muhammad und Jesus, 524 f. Winkler bestreitet solch eine Analyse, die auf semantischen Missverständnissen beruhen würde. Siehe dazu: Winkler, Zeitalter der Sassaniden, 40.
[57] Nestcoll II, 61. Nestcoll II, XXXIV, Zitiert nach Schedl, Muhammad und Jesus, 526.
[58] Siehe dazu: Schedl, Muhammad und Jesus, 525f.

3. Die Sprachen, Literatur und Übersetzungen

3.1. Die Sprachen

Die syrische Schrift ist schon seit dem 1. Jh. n.Chr. bezeugt. Es betrifft eine semitische Sprache, die dem Aramäischen angehört. Dieser ostaramäische Dialekt wurde rundum Edessa gesprochen und entwickelte sich durch die Bibelübersetzung im 2. Jh. zur Schriftsprache der ostsyrischen Christen. Nachdem das ostsyrische Christentum, und beifolgend das Syrisch, sich schon ab dem 4. Jh. im persischen und oströmischen Reich ausgebreitet hatte, drang sie mit der Mission weiter nach Indien, Zentral- und Ostasien.

Ab dem 5. Jh. entstanden aufgrund der politisch-geographischen und kirchlichen Trennung ein ost- und ein westsyrischer Dialekt, mit je eigener Literatur. Es gibt daher drei Schriftarten. Die älteste edessenische Schrift, das Estrangelo, wurde bis in das 13. Jh. verwendet. Die neuen Schriften benutzten ein System für die Vokale. In der ostsyrischen Schrift wurden diese mit Punkten verzeichnet. Sie stellt eine ältere Sprachstufe dar als die westsyrische Schrift, die unter dem Einfluss des Griechischen stärker veränderte.

Ab dem 7. Jh. wurde das Syrische als Umgangssprache verdrängt.

Die syrische Schrift wurde auch für andere Sprachen benutzt, z.B. für das christlich-palästinensische Aramäisch und für das christliche Arabisch (Karschuni).[59] In den östlichen persischen Provinzen übernahmen die Christen, die von den syrischen Gefangenen abstammten, allmählich die Landessprache in ihrem Gottesdienst. Zwei iranische Sprachen sind dafür belegt: das westiranische Mittelpersisch (Pahlavi) und das ostiranische Sogdisch, die aus der aramäischen Schrift adaptiert worden sind.[60]

Die arabischen Stämme in Ostsyrien waren meist zweisprachig.[61]

3.2. Die Literatur und Übersetzungen

Beispiele für die frühe syrische Literatur sind das *Diatessarion*, eine Evangelienharmonie, die von Tatian um 170 geschaffenen wurde; das *Thomasevangelium;* die *Oden Salomos;* die *Thomas-Akten* und weitere apokryphe Schriften, wie die *Schatzhöhle* und das *Leben Adam und Evas*. Vom 4. bis 7. Jh. blühte die Literatur.

Die wichtigsten Schriftsteller waren Aphrahat und Ephräm der Syrer (um 309-373), der als das große Beispiel für die Poesie galt. Laut Winkler waren sie von der griechischen Kultur und Theologie unberührt und zeigten noch ein authentisches semitisches bzw. syrisches Christentum. Babai der Große (551-628) war

---

[59] Siehe dazu: Winkler, Syrische Literatur, 137f.
[60] Siehe dazu: Hutter, Iranische Literatur, 145.
[61] Ihre Sprache wird im zweiten Teil näher besprochen.

wichtig für die monastische Erneuerungsbewegung. Sein *Buch der Einheit* beeinflusste die Christologie.[62]

Die wichtigste Gattung der führenden Schule von Nisibis war die der Bibelkommentare. Weiter gab es sowohl liturgische Werke, historische Erklärungen für beispielsweise die Festtage als auch polemische und apologetische Abhandlungen.[63]

Die syrische Standardübersetzung der Bibel, die *Peshitta*, wurde vermutlich im 5. Jh., vor der syrischen Kirchenspaltung, abgeschlossen. Ihre ältesten Pentateuch-Übersetzungen, die direkt aus dem Hebräischen stammen, gehen zurück bis in das 1. Jh. und haben Verbindungen zur jüdischen Targumtradition.[64] Der Targum ist eine oft paraphrasierende und erweiternde Übersetzung der hebräischen Heiligen Schriften in das Aramäische. Es wurde in den Synagogen vorgetragen.[65] Noch bis zur Jahrtausendwende wurden das *Diatessarion* und eine davon beeinflusste alt-syrische Übersetzung der vier Evangelien in den Klosterschulen tradiert.[66]

Ab Ende des 4. Jh. wurden viele Werke von griechischen kirchlichen Schriftstellern übersetzt. Die neuen Gedanken, die mittels der freien Übersetzungen hinzukamen, führten zwar zu einem gewissen Verlust der ursprünglichen syrischen Ideen, entsprachen aber vor allem den eigenen Interessen. Die meisten Übersetzungen wurden wahrscheinlich von den Miaphysiten erstellt.[67] Weiterhin wurde zwischen 400 und 700 eine beträchtliche Menge säkulare Literatur über Philosophie, aristotelische Logik und Medizin übersetzt. Die syrische Übersetzungstechnik entwickelte sich im 5. Jh. von einer sehr freien bis zu einer zunehmend literarischen und sehr genauen Wiedergabe im 6. und 7. Jh.[68]

4. Die Schulen

4.1. Die persische Schule in Edessa (363-489) und Ephräm der Syrer

Im Jahre 363 wurde die Stadt Nisibis, in der exegetischer Unterricht erteilt wurde, von den Sassaniden erobert. Viele Christen flüchteten daher zum westlichen Edessa und einige, wie der Asket Ephräm der Syrer, bereicherten den dortigen Unterricht.[69] Der Unterricht behielt eine enge Verbindung zum Gottesdienst und

---

62 Siehe dazu: Winkler, Syrische Literatur, 138ff.
63 Siehe dazu: Becker, A.H., Fear of God, 89ff.
64 Siehe dazu: Winkler, Syrische Literatur, 138; Brock, Art. Bibelübersetzungen, 182.
65 Siehe dazu: Grözinger, Jüdisches Denken, 228.
66 Siehe dazu: Spuler, Die Morgenländischen Kirchen, 14.
67 Siehe dazu: Becker, A.H., Fear of God, 114f.
68 Siehe dazu: Winkler, Syrische Literatur, 140; Brock, Syriac Translation of Greek Popular Philosophy, 9 und 16.
69 Siehe dazu: Winkler, Zeitalter der Sassaniden, 25.

zur Predigt.[70] Die Hymnen, Homilien und Kommentarwerke Ephräms (um 306-373) wurden in der Liturgie verwendet und galten in der syrischen Kirche als vorbildlich.[71] Ein Beispiel seiner Hymnen ist folgendes:

Ein zweites Lied nach derselben Melodie.
[...] Gib Festigkeit unserm Gehör, damit es nicht losgelassen in die Irre gehe! Ein Irrtum ist es, forschen zu wollen, wer er ist und wem er gleicht; (5) denn wie können wir imstande sein, ein Bild jenes in uns wiederzugeben, dessen Wesen dem Intellekt gleichsteht. In ihm gibt es keine Beschränkung; er ist ganz sehend und hörend, (10) er ist gleichsam ganz sprechend, er ist ganz in allen Regungen. – (Kehrvers): Preis sei dem einen Wesen, das unerforschlich für uns ist!
Sein Aussehen ist unbegreiflich, (15) um in unserm Geiste dargestellt zu werden. Er hört ohne Ohren, er spricht ohne Mund, er wirkt ohne Hände, sieht ohne Augen, (20) so daß unser Geist dabei keine Befriedigung findet und abläßt von dem, der so beschaffen ist. Er aber bekleidete sich in seiner Güte mit dem Kleide der Menschheit und sammelte uns zu seiner Nachahmung.[72]

Ephräm betrachtete die Bibel und die Natur als Offenbarungsquellen, denen er eine reiche Bild- und Symbolsprache entnahm. Er förderte die Bildung von Geist und Leib, mahnte zur christlichen Lebensgestaltung, und wehrte sich gegen zu viele philosophische Untersuchungen Gottes.[73]

Wer über Gott nachgrübelt, dessen Tollheit überschreitet die Grenzen der Natur. Er bekennt zwar seinen Glauben an das absolute Wesen, forscht aber doch darüber wie über ein Geschöpf. Er erhebt Gott überaus hoch dem Namen nach, aber durch das Grübeln erniedrigt er ihn wieder. Gib entweder die Benennung oder das Forschen auf! Nennst du ihn Gott, so muss alles Grübeln aufhören; zwischen Gott und dem Menschen wird nur Glaube gefordert. Glaubst du an ihn, so ehrst du ihn; forschest du aber über ihn, so entehrst du ihn. [...] Die Grübelei forscht; wenn sie aber forscht, glaubt sie nicht; ja, je mehr sie forscht, desto weiter entfernt sie sich vom Finden.[74]

Abraham war das große Beispiel für den Glaubenden, der, obwohl er den Messias, den Eingeborenen, kannte, nicht forschte, wer er sei.

Siehe! Abraham hätte gar wohl über die Worte, die er vernahm, nachgrübeln können; denn er hatte nicht durch ein Gebot gelernt, das ein Gott im Himmel ist, sondern er urteilte aus sich

---

70 Siehe dazu: Drijvers, Art. Edessa, 285.
71 Siehe dazu: Winkler, Syrische Literatur, 139.
72 Zitiert nach Bardenhewer / Weyman / Zellinger (Hersg.), Des Heiligen Ephräm des Syrers, 260f.
73 Siehe dazu: Cramer, Art. Ephräm der Syrer, 708ff.
74 Zitiert nach Bardenhewer / Weyman / Zellinger (Hersg.), Des Heiligen Ephräm des Syrers, 26f.

selbst, daß die Schöpfung einen Herrn haben muß. Der aber seinen Gedanken sah, offenbarte sich ihm, damit er in seinem Glauben bestärkt wurde. Als aber Abraham eingesehen hatte, daß Gott ist, grübelte er über ihn nicht nach, wie er sei. Und auch nachdem sich ihm Gott geoffenbart hatte, fragte ihn Abraham nicht: Wie bist du? Er kannte auch den Messias, forschte aber nicht, wie er sei. Er sah ihn und sehnte sich mit Freuden nach ihm. Er vollbrachte das Geheimnis und beobachtete Stillschweigen. Wie wagst du dich also kühn an die Erforschung des Eingeborenen?[75]

Die neue Schule genoss einen sehr guten Ruf. Die vielen Schüler, die aus Persien geflohen waren, wurden im römischen Edessa von den dortigen theologischen Entwicklungen beeinflusst. So wirkten sich auch die christologischen Auseinandersetzungen der ersten Hälfte des 5. Jh. hier stark aus. Unterschiedliche Richtungen wurden favorisiert und viele Werke wurden dazu aus dem Griechischen in das Syrische übersetzt. Ibas von Edessa (gest. 457) übersetzte Werke von u.a. Aristoteles und Porphyrios. Laut Winkler hatte die Schule von Edessa schon seit 420 einen diphysitischen, antiochenischen Charakter und stand seit 430 unter dem Einfluss von Theodor von Mopsuestia, dessen Werke schon vorher in das Syrische übersetzt worden seien. Diese Theologie wurde im Konzil von Ephesus im Jahre 431 so erfolgreich von der rivalisierenden alexandrinischen Schule bekämpft, dass sie verurteilt wurde. Darauf erfolgte 489 die Schließung der persischen Schule in Edessa unter Vertreibung der Lehrer.

4.2. Die Schule von Nisibis (ab 489)

4.2.1. Allgemein

Diese vertriebenen Lehrer wurden in Nisibis von Bischof Barsauma, der auch in Edessa studiert hatte, aufgenommen und sie durften unter Leitung von Narsai, nach dem Vorbild von Edessa, eine neue Schule gründen. Nisibis entwickelte sich zum geistigen Zentrum. Hier erhielten fast alle großen ostsyrischen Kirchenführer bis ins 7. Jahrhundert ihre Ausbildung.[76] Nisibis war ein Handelszentrum am Rande des persischen Reiches, auf dem Weg zwischen Ost und West und war somit sehr wichtig für die Christen im Persischen Reich.[77] Es war zugleich Mittelpunkt des Gebietes, in das die Assyrer die Juden deportiert hatten. Nach der Zerstörung Jerusalems kamen jüdische Gelehrte hinzu. Es gab also eine bedeutende jüdische Gemeinschaft mit einer tannaïtischen Akademie. Die *Tannaim* sind rabbinische Lehrer, die die mündliche Überlieferung auslegten. Diese Auslegungen wurden ca. 200 n.Chr. in der *Mischna* verschriftet.[78] Wahrscheinlich wurde schon hier die Klassifizierungmethode von Aristoteles

---

75 Ebd., 32f.
76 Winkler, Zeitalter der Sassaniden, 25-31.
77 Becker, A.H., Fear of God, 130.
78 Drijvers, Art. Nisibis, 574.

verwendet.⁷⁹ Die Schule von Nisibis glich den gleichzeitigen rabbinischen Akademien Mesopotamiens. Juden und Christen teilten ebenfalls dieselbe Sprache. Adam Becker betont weiter, wie sowohl die West- als auch die Ostsyrer eine Kultur der Liebe zum Lernen und des Respekts dem Lehrer gegenüber teilten, die auch in den babylonischen Talmudschulen üblich war.⁸⁰ Sie war darüber hinaus einem Kloster ähnlich.⁸¹ Wo die Schule von Edessa noch nicht so formal organisiert war und es eher einzelne Lehrer, um die die Schüler sich sammelten, betraf, entsteht erst in Nisibis eine systematisierte und formale Schulordnung.⁸² Als wichtigste Schule der Nestorianer zählte sie auf ihrem Höhepunkt unter Leitung von Hnana (571-c.610) um die 800 Studenten. Die Ausbildung dauerte wahrscheinlich drei Jahre, war genau geregelt und umfasste neben Lesen und Schreiben auch Rhetorik, Philosophie und vor allem Exegese.⁸³ Hnana war aber sehr umstritten. Ihm wurde vorgeworfen, sowohl die allegorische Interpretation als auch miaphysitische und theopaschitische Standpunkte eingeführt zu haben. 601 fand deswegen ein Exodus von Schülern und Lehrern statt. Die Schule von Nisibis verlor ihren hervorragenden Status.⁸⁴

4.2.2. Das intellektuelle und religiöse Klima der Schule

In seiner Studie über die Schule von Nisibis versuchte Adam H. Becker, die Eigenart der damaligen Schulen zu demonstrieren und das intellektuelle Klima, aus dem die Übersetzungstätigkeit der Syrer hervorging, besser zu verstehen. Er analysierte dazu das Gedankengut der Schule anhand der Begrüßungsrede für alle neue Schüler, die *Ursache der Gründung der Schulen,* die zwischen 581 und 610 von Barhadbesabba, einem Schüler von Hnana, geschrieben wurde. Das Werk ist relativ unbekannt und ist wie eine Introduktion in das Leben der Schule gemeint.⁸⁵ Es betrifft hier also ein Dokument das den arabischen Erobe-

---

79 Siehe dazu: Grözinger, Jüdisches Denken, 224f.
80 Becker, A.H., Fear of God, 4f. Siehe auch: Drijvers, Art. Nisibis, 574.
81 Becker, A.H., Fear of God, 167.
82 Ebd., 69ff.
83 Siehe: Winkler, Zeitalter der Sassaniden, 30. Laut Müller ist die dreijährige Studienzeit erst im 14. Jh. belegt. Siehe: Müller, Geschichte der orientalischen Nationalkirchen, 299.
84 Siehe Drijvers, Art. Nisibis, 575. Laut Vööbus fand der Exodus zur Zeit des Katholikos Sabrisho (596-604) statt. Siehe dazu: Vööbus, History of the School of Nisibis, 309f.
85 Der Autor der Ursache der Gründung der Schulen (weiter kurz *Ursache* genannt) ist laut Adam Becker Barhadbesabba ʿArabaya. Es ist vielleicht abhängig von der Kirchengeschichte, wahrscheinlich vom selben Autor. Es projektiert das Institut des 6. Jh. auf früher Zeiten. Siehe dazu: Becker, A.H., Fear of God, 96-100.
Laut Baumstark betrifft es aber unterschiedliche Autoren und ist Barhadbesabba von Halwin der Verfasser der Ursache. Beide stimmen aber darin überein, dass ein Barhadbesabba es geschrieben habe und Schüler von Hnana gewesen sei. Siehe dazu: Baumstark, Geschichte der syrischen Literatur, 136. Laut Vööbus wird das Datum ad quem bestimmt durch den Moment, zu dem Gregor Metropolit von Nisibis wurde und liegt damit vielleicht etwas nach 596. Siehe dazu: Vööbus, History of the School of Nisibis, 295 und 304.

rungen nah vorangeht und womit vielleicht viele Lehrer und Schüler, die sich später damit auseinandersetzen mussten, vertraut waren.
Laut Becker habe hier das pädagogische Modell, worin das Christentum als eine Art des Lernens betrachtet wurde, und das im Syrischen Milieu blühte, ihren Höhepunkt gefunden.
Die *Ursache* reduzierte die ganze menschliche Geschichte auf eine lange Reihe von Schulen. Diskutiert wurden erstens: Die Güte, Weisheit und Macht Gottes. Diese kulminierten in dem zukünftigen Auftrag der Studenten. Zweitens: Die Natur Gottes und der Engel und die Schöpfung der Menschen. Die menschliche Seele und Vernunft können, dank der Gnade Gottes, ihn mittels eines Analogieprozesses erkennen oder entziffern über die Distinktionen in der Welt, die eine Kette des Seins formen. Die Engel existieren oberhalb dieser Welt, die in sechs Tagen für ihren Unterricht geschaffen wurde. Es gibt eifrige und faule Engel. Die letzteren beklagen sich, wenn Gott ihnen befiehlt, die Menschen zu ehren. Daher werden sie aus der Schule des Himmels verstoßen.[86]
Man versuchte die Engel, die Gott ständig anbeten, zu imitieren. Auch der Asket sollte Gott ohne Ruhe anbeten. In einer Passage aus der *Ursache* wurde Genesis 1 als ein Klassenzimmer mit Gott als Lehrer und die Engel als die ersten Schüler beschrieben.[87] Drittens gab es eine lange scholastische Geschichte von Adam bis Moses. Nach einer Zeit des Niedergangs erneuerte Jesus die Schule seines Vaters, wozu auch Theodor von Mopsuestia beigetragen hat, und zu der auch die Schulen von Edessa und Nisibis gehörten. Schließlich wurde das Schuljahr, das stark mit der Liturgie verbunden ist, beschrieben.
Durch diesen Text, der bei den Studenten ein gutes Verständnis des Christentums voraussetzte, konnten sie sich mit Heiligen und Engeln identifizieren und ihr Studium als eine Aufgabe in dieser Überlieferungskette erfassen. Das menschliche Dasein wurde verstanden als eine Übung der Geschöpfe, den Schöpfer zu verstehen.[88]
Die Schulpraxis wurde von einer kosmischen Perspektive betrachtet, wobei die Exegese der Schrift -die zentrale intellektuelle Aktivität der Schule- der natürlichen Kontemplation von Evagrius Ponticus (gest. 399) entsprach. Denn in seiner Metapher schrieben die Engel die Schöpfung mit Buchstaben, damit der Name Gottes buchstabiert werden konnte. Es ist ein logischer Prozess, so dass man über den Schöpfer, mittels Synthese und Analyse der Schöpfung, lernen konnte.

Now all these things which are done through letters, are a kind of symbol of the things which in truth are done by those who are far apart from God. For those who are far from God have

---

86 Siehe dazu: Becker, A.H., Fear of God, 99.
87 Ebd., 205. Das Thema der Engel, die im Himmel schreiben, findet sich nicht in der Bibel, sei aber im Koran zu finden. Im dritten Teil wird es näher besprochen.
88 Siehe dazu: Becker, A.H., Fear of God, 99f und 207f.

made a separation between themselves and their Creator by their loathsome works. But God, out of his love, has provided creation as a mediator: it is like letters.[89]

Dieses Bild wurde auch von Narsai (gest. nach 503) aufgenommen:

And he taught them a new book which they did not know,
As if (they were) children he wrote a sound (ba(r)t qālā) instead of letters,
And he had them pronounce in the writings, "Let there be light."
In the form of a verse he directed the sound (qālā) before their eyes,
And they began to shout, "Blessed is the creator who created the light."[90]
As if with a finger he was showing them the power of his essence,
"See, Angels, that I am the power over every power,"
As if with a pen he was writing from them a book in the mind,
And he was making them read syllable by syllable (or: meditate upon) the writings of the creator of all. In the likeness of a Master (rabbā) his gesture was standing at the head of their rows,
And he was repeating (tānē) to them the power of the meaning of his hidden things.[91]

Auch die *Ursache* nimmt dieses Bild auf:

While in these things of his [..] he exists ineffably [..] , since thought has neither place, nor also time, which begins from movement, nor movement, which adheres to essence [..], far from there [...] Since thought, which is guide and tutor of speech – the pupils of its eyes are blind, and it would not be able to search into that powerful light, if our Lord himself had not performed his grace in us and revealed and showed us concerning his essence [..], albeit in a manner fit only for children [...]... But if not, not even this crumb of knowledge would be able to fix its gaze on that divine presence, since all of those things of his go unspeakably beyond the thought and reason of created things.[92]

Because the spiritual powers are first in creation and more excellent in substance, God brought forth his teaching to them, lest they should fall in error and falsely suppose great things about themselves. He wrote a scroll of imperceptible light with his finger of creative power, and with his command upon it he had them read with an audible voice: Let there be light, and there was light (Gen 1:3) and because there was an understanding mind in them, at that very moment they understood that [...] the one who brought this excellent nature into being also created them.[93]

---

89 Evagrius, Letter to Melania. Zitiert nach Becker, A.H., Fear of God, 133.
90 Narsai, Homilies on Creation, II 250-54, zitiert nach Becker, A.H., 124.
91 Ebd., 352-57, zitiert nach Becker, A.H., 124.
92 Ursache der Gründung der Schulen, 336.1- 337.3, zitiert nach Becker, A.H., 140.
93 Ebd., 348.4-13, zitiert nach Becker, A.H.,123.

In a similar manner we have a practice, after we have a child read the simple letters [...] and repeat them, we join them one to another and from them we compose [...] names that he may spell them out (also means: mediate upon them) and be trained. Thus also that eternal teacher did, after he had them repeat the alphabet, then he combined it [...] (the alphabet) in the great name which is the construction of the firmament and he read it in front of them that they might understand that he is the creator of all of them, and as he orders them, they complete his will, [on the six days of Creation]; and thence did he hand over to them the visible creation, that like letters they might write them in their continuous variations and with them spell out (also: means: meditate upon) the name of the creator and organizer [..] of all. And he let them go and allowed them to be in this place of the school, more spacious than the earth.[94]

Die *Ursache* fügt mehr Logik von Aristoteles hinzu und versucht Platon und Aristoteles zu versöhnen, indem Platon für die höhere Welt, und Aristoteles für die niedrigere Welt verwendet wurde.[95] Die *Ursache* ist von jüdischen Texten, in denen Gott Buchstaben benutzte um die Welt zu schaffen, abhängig. Sie bezeugt insgesamt die Übersetzung und Rezeption von philosophischen Texten am Ende des 6. Jh.[96] Neben Ephräm der Syrer, Theodor von Mopsuestia und Evagrius Ponticus, betraf das meist neoplatonische Versionen der aristotelischen Logik, die eine Form der natürlichen Theologie ermöglichten.[97]

Das Lernen war nicht nur eine intellektuelle Aktivität, es war eine religiöse Praxis, eng verbunden mit der Liturgie und Devotion.[98] Das Studium war eine Art der Sozialisation mit eigener Kleidung, Verhaltensmuster usw., für einen Gelehrten, der fast einen Sonderstatus hatte. Dieser konnte entweder in ein Kloster eintreten, der Kirchenhierarchie angehören oder Lehrer bleiben.[99]

4.2.3. Die Exegese

Der Höhepunkt war die Exegese der Heiligen Schrift, in der sich alle geistlichen und weltlichen Kenntnisse bündelten.[100] Die Liturgie war eng damit verbunden.[101] Die Schule war also auch eine Ausbildungsstätte religiöser Dichter, damit die heiligen Bücher zum Herzen sprechen konnten. Ihre Lehren wurden in melodischem, fast magischem Klang vorgetragen. Daher war das *geryana*[102], das 'Lesen' der Schrift, für die Kultur der syrischen Kirchen wesentlich.[103] Auch

---

94 Ebd., 349.1-13, zitiert nach Becker, A.H., 131.
95 Becker, A.H., Fear of God, 149f.
96 Ebd., 130f.
97 Ebd., 5.
98 Ebd., 208f.
99 Ebd., 95.
100 Siehe dazu: Drijvers, Art. Nisibis, 575.
101 Siehe dazu: Becker, A.H., Fear of God, 94.
102 Siehe für die Etymologie des Wortes geryana auch: Luxenberg, Christoph, Die Syro-Aramäische Lesart des Koran, 81ff.
103 Siehe dazu: Brown, Die Entstehung des christlichen Europa, 205f.

unter Feinden wurde dies anerkannt. So beschreibt ein Miaphysit (gest. 649) in Nord-Mesopotamien, wie die Nestorianer mit ihren süßen Melodien bezauberten. Sie würden in jedem Dorf eine Schule stiften, wobei alle ihre Lieder überall dieselben seien.[104] Hierdurch wurde die syrische Volkssprache zu einer heiligen Sprache. Daneben wurden, ähnlich wie bei den jüdischen Rabbinern, Erklärungen in den Vortrag eingefügt.[105]

Der Schulleiter Narsai, 'Die Harfe des Heiligen Geistes', wurde der wichtigste Dichter-Theologe der Ostsyrischen Kirche. Er vertrat die antiochenische Theologie von Diodor von Tarsus, erhob Theodor von Mopsuestia zur Norm des Exegeseunterrichts und schätzte auch Nestorius.[106] Narsai elaborierte Theodors metaphorische Interpretation der Schöpfung als einen Schulunterricht, indem er Bücher, Feder usw. hinzufügte.[107]

Es kam zu einer Blüte von Übersetzungen griechischer Werke ins Syrische, wie von Theodor von Mopsuestia, Aristoteles und Galen. Denn laut Brown bestimmten im Osten nur die streng neutralen Techniken der Logik und der Medizin das 'weltliche' Wissen, dessen man für Kontroverse und Exegese bedurfte.[108]

Paulus der Perser (gest. 571) war im 6. Jh. ein sehr bedeutender Lehrer. Er hatte Verbindungen am Hof und übersetzte Aristoteles' Werke und verfasste eine Einführung in die Bibelauslegung.[109] Seine *Instituta regularia* bildete die Grundlage zur Erforschung der Heiligen Schrift und diente als wichtigstes methodisches Handbuch. Es wurde von den Schülern zusammen mit den Schriften des *Pentateuchs* und den liturgischen Texten für Messe und Stundengebet im ersten Studienjahr abgeschrieben. Die aristotelischen Kategorien wurden mit Sorgfalt auf das theologische Gebiet übertragen. Es zeigt Vertrautheit mit der aristotelischen Logik und ihren Kommentaren.[110]

4.2.4. Die Philosophie

Becker sieht keinen Beweis dafür, dass Philosophie an sich unterrichtet wurde. Das Studium von Aristoteles' *Organon* samt seinen Kommentaren schien beschränkt auf ihren Nutzen für Debatte und Theologie, da die Tradition und Offenbarung dominant blieben.[111]

Das *Organon* (Dl. Werkzeug) enthält die Bücher zur Logik. Hierin erklärt Aristoteles die grundlegenden sprachphilosophischen, logischen und grammatischen

---

104 Siehe dazu: Becker, A.H., Fear of God, 90.
105 Siehe dazu: Brown, Die Entstehung des christlichen Europa, 205f.
106 Siehe dazu: Winkler, Zeitalter der Sassaniden, 30f.
107 Siehe dazu: Becker, A.H., Fear of God, 124f.
108 Siehe dazu: Brown, Die Entstehung des christlichen Europa, 204f.
109 Siehe dazu: Drijvers, Art. Nisibis, 575
110 Siehe dazu: Bruns, Aristoteles-Rezeption, 33f.
111 Siehe dazu: Becker, A.H., Fear of God, 92.

Begriffe. Die ersten vier Bücher des *Organon* sind meist theoretisch, die zwei letzten widmen sich der Praxis des Schlussfolgerns. Davon behandelt die *Topika* auch den Disput, also die argumentative Auseinandersetzung zweier Kontrahenten über ein bestimmtes Thema. Wie die neoplatonischen aristotelischen Schriften in die Schule von Nisibis gelangten, ist nicht klar. Obwohl ihr Einfluss auf die syrische Literatur schon früh vorhanden war (vor allem bei Evagrius Ponticus) argumentiert Becker, dass sie nicht aus Edessa, sondern später, vielleicht zusammen mit der Medizin über Alexandrien eintrafen. Der persische Hof kann auch eine bedeutende Rolle gespielt haben, als Chosrau I die von Athen vertriebenen Gelehrten aufnahm. Diese Philosophie kann ferner von den westsyrischen Christen, die im frühen 6. Jh. nach Persien kamen, eingeführt worden sein. Denn im 7. Jh. verwendeten sie die systematische und konsistente Übersetzungsmethode für die Heilige Schrift nun auch für das logische Werk von Aristoteles und schrieben Kommentare dazu. Laut Becker kann die Ausbreitung der aristotelischen Schriften im sassanidischen und später im islamischen Gebiet vielleicht als Teil eines stärker werdenden philosophischen Streites zwischen ost- und westsyrischen Christen verstanden werden. Der Focus auf Logik könnte mit den andauernden christologischen Disputen zusammenhängen, die sich vor allem auf Ontologie und Semantik bezogen.[112] Die syrischen Theologen scheinen sich dabei zwischen dem 4. und 8. Jh. in einem sehr wechselhaften Rezeptionsprozess von scharfen Kritikern des Hellenismus zu dessen eifrigsten Befürwortern gewandelt zu haben.[113]

4.2.5. Die Medizin

Im 6. Jh. wurde Medizin zum Teil des Unterrichts. Da es in der Antike oft mit Philosophie assoziiert wurde, könnte es in bestimmten philosophischen Schriften seinen Eingang in die Schule gefunden haben. Übrigens ist es möglich, dass der Arzt Qaswi, der Leibarzt des Shahs und der wichtigste Patron der Schule, hierzu beigetragen hat.[114] Wie andere christliche Ärzte verwendete er die Nähe zum Shah, um seine religiöse Gemeinschaft zu begünstigen.[115]

4.3. Weitere Schulen

Gundeshapur wurde von Shapur I um 260 als Ansiedlungsgebiet griechischer Kriegsgefangener gegründet. Bald wurde es zum Bischofs- und Metropolitensitz. Unter Chosrau I (531-579) entwickelte es sich zum Zentrum des christli-

---
112 Ebd., 127ff. Laut Adam Becker ist auch hier mehr Untersuchung erwünscht.
113 Siehe dazu: Bruns, Aristoteles-Rezeption, 38f.
114 Die Rolle der Nestorianer in der Vermittlung von Medizin an die islamische Medizin wird schon lange diskutiert, aber weitere Forschung sei wünschenswert. Siehe dazu: Becker, A.H., Fear of God, 94f.
115 Ebd., 80.

chen Hellenismus mit einer bedeutenden medizinischen Wissenschaftstradition.[116]
Die syrischen Väter trugen durch ihre zahlreichen Schriften dazu bei, die aristotelische Lehre im nichtgriechischen Orient zu verbreiten. Der Katholikos Akak (485-495/6) gründete 465 eine Schule in Seleukeia-Ktesiphon, in der auch der bedeutende Lehrer aus Nisibis, Mar Aba (Katholikos von 540 bis 552), mitwirkte. Auch in Arbela, Beth-Saajade und auf dem Berg Izla entstanden Tochterschulen.[117] Ein Schüler von Mar Aba gründete später eine Schule in Hira.[118] Fast alle Bischöfe verfügten über Predigerseminare und es gab sehr viele Katechetenschulen für Laien, die oft gegen die miaphysitische Propaganda gegründet wurden.[119] In Nord-Mesopotamien scheint es sehr viele Schulen gegeben zu haben, in denen die Liturgie einen wichtigen Platz einnahm.[120] Merw wird auch als ein berühmtes Bildungszentrum erwähnt.[121]

5. Das Mönchtum und die Klöster

Der asketische Zug war im ostsyrischen Christentum erst allgemein, denn schon die Taufe setzte Ehelosigkeit voraus. Dieser asketische Geist wurde um 300 aufgegeben, lebte aber als Ideal im Mönchtum fort. Um 400 wurde im anonymen *Liber Graduum* noch in einer 'Zwei-Stufen-Ethik' zwischen der Menge der 'Gerechten' und den wenigen 'Vollkommenen' unterschieden. Ab 400 gab es mehrere Klöster. Die Synoden von 484 und 486 schafften das Zölibat ab und beschränkten den Einfluss des Mönchtums, aber um die Mitte des 6. Jahrhunderts wurde dies wieder aufgehoben.[122] Ein Teil der Mönche war gegen die Reformen von 484/486 und ging zum Miaphysitismus über. Die Rolle der anderen Mönche blieb im 6. Jh. gering.[123]
Das Mönchtum erlebte eine Renaissance unter Abraham von Kashkar (490-588), einem Schüler aus Nisibis, der das ostsyrische Mönchtum nach dem ägyptischen Vorbild erneuerte. Das von ihm gegründete Große Kloster am Berg Izla wurde im 6. und 7. Jh. ein spirituelles Zentrum und eine theologische Quelle für die Kirche des Ostens.[124] Damit war das asketische Mönchtum seit der Mitte des 6. Jh., neben der Schultheologie und den profanen Wissenschaften am sas-

---

116 Siehe dazu: Sames, Art. Gondesapur, 1084f.
117 Siehe dazu: Bruns, Aristoteles-Rezeption, 32.
118 Siehe dazu: Baumstark, Geschichte der syrischen Literatur, 122.
119 Siehe dazu: Müller, Geschichte der orientalischen Nationalkirchen, 299.
120 Siehe dazu: Becker, A.H., Fear of God, 90.
121 Siehe dazu: Müller, Geschichte der orientalischen Nationalkirchen, 302.
122 Siehe dazu: Hage, Art. Nestorianische Kirche, 265f.
123 Siehe dazu: Spuler, Die Morgenländischen Kirchen, 11f.
124 Siehe dazu: Winkler, Zeitalter der Sassaniden, 38.

sanidischen Hof, die dritte Großmacht des syrisch-nestorianischen Geisteslebens. Es unterschied sich in Tracht und Satzungen bewusst von den miaphysitischen Mönchen.[125]
Die Predigttätigkeit der Mönche nahm wegen der Missionierung und des Zuwachses der miaphysitischen Gemeinden zu. Die Mönche wurden durch ein systematisches Studium der Schrift und gemeinsame liturgische Gebete darauf vorbereitet. Das Klosterleben hatte im 6./7. Jh. mehr Reglementierung angenommen, nachdem es sich lange dagegen gewehrt hatte. Es blieb aber nonkonformistisch und geriet dadurch in eine oppositionelle Stellung zur Ostsyrischen Kirche. Individualistische Auffassungen hatten viel Raum und wiederholt entstanden Sondergruppen. Die Sakramente und die Hierarchie wurden verachtet, da die eigene Askese (Fasten und Keuschheit), das häufige Gebet oder die Rezitation eine ausreichende Sicherung des eigenen Seelenheils sei. Weiterhin enthielt man sich des Weins und bestimmter Speisen und war gestärkt vom Glauben an Visionen und prophetische Enthüllungen sowie Rüstzeiten der Besinnung. Viele Klöster widmeten sich später der Diakonie. Daraus ist laut Spuler das Entstehen von Gemeinschaften innerhalb der Kirche zu erklären, die diese Verachtung von Hierarchie und Sakramenten übernahmen und sich zu Gruppen von 'Betern' zusammenschlossen, die noch lange als Häretiker von der Hierarchie bekämpft wurden.[126] Diese so genannten Messalianer (oder Euchiten) gehörten einer asketischen Bewegung an, die in der 2. Hälfte des 4. Jh. auftrat. Zunächst konzentrierte sie sich in Mesopotamien und Antiochien. Ihre Lehre war wahrscheinlich folgende: In jeder menschlichen Seele befindet sich ein Dämon, der durch die Taufe nicht ausgetrieben werden kann. Allein durch Gebet und asketisches Leben vermag der Heilige Geist die Seele von den Leidenschaften zu befreien. Sie hielten ihre Visionen und Träume für inspiriert, daher suchten sie den Schlaf. Sie waren gegen die kirchliche Gemeinschaft und ihre Strukturen. Es betraf aber keine homogene Strömung.[127]
Adam Becker beschreibt, wie sich das Ziel der Klosterspiritualität von den intellektuellen Tätigkeiten der Schulen unterschied. In den Klöstern war die Inspiration wichtiger als die Gelehrsamkeit, um Gott zu erkennen. Einerseits bekämpften sie deswegen einander, andererseits gab es auch eine enge Zusammenarbeit, wobei die Schüler das Kloster betraten, damit sie sich dort weiter entwickeln konnten.[128] Dieser Zusammenhang ist gut bei Evagrius Ponticus zu finden, der eine wichtige Rolle in der Klosterspiritualität des 6. Jh. spielte. Für ihn ist der Endzweck der Askese das Erreichen eines kontemplativen Zustandes, der die gefallene Seele wieder mit Gott vereint. Das Gebet ist eine Kommunikation des Geistes mit Gott, ohne jegliche Vermittlung, auch ohne Bild. Die Kontemplation der Welt mittels Schrift und der physischen Natur, wie es in der

---

125 Siehe dazu: Baumstark, Geschichte der syrischen Literatur, 130.
126 Siehe dazu: Spuler, Die Morgenländischen Kirchen,12-16.
127 Siehe dazu: Böhm, Art. Messalianismus, Messalianer, 157f.
128 Siehe dazu: Becker, A.H., Fear of God, 15ff.

Schule gelernt wurde, formte also nur eine erste Phase. In der nächsten Phase, im Kloster, sei erst eine direkte Kenntnis der göttlichen Essenz möglich.[129]
Das Mönchtum genoss höchstes Ansehen. Die Klöster waren Stütze und Zufluchtsorte der Bischöfe und Patriarchen, und erst über die Mönche erlangte die Hierarchie der Kirche eine feste Verbindung mit dem Volk[130] Laut Müller suchten manche individuelle Mönche einen schnellen Tod durch Fasten, Torturen usw. Die solitär lebenden 'fahrenden Mönche' charakterisierten das ostsyrische Mönchtum wohl am meisten, und dürften viel zur Mission beigetragen haben.[131]

6. Die Wissenschaften am sassanidischen Hof

Unter Chosrau I (531-579) entstand eine neue Verwaltungsklasse, in der die Christen aus Mesopotamien mehr bevorzugt wurden. Sie vermittelten dem Sassanidischen Hof die byzantinische Medizin, Philosophie und Hofetikette.[132] Am Hof wurden meist profane Wissenschaften gepflegt. Es gab eine Fortführung der in Edessa gepflegten aristotelischen Studien und Medizin.[133] Der Nestorianer Paul der Perser schrieb hier seine Einleitung in die Logik in der mittelpersischen Sprache. Weiteres darüber ist wenig bekannt, nur, dass es nach Mar Aba (gest. 552) noch einige Katholikoi in Seleukia-Ktesiphon gab, deren Interesse an der Philosophie sich mit der entwickelnden intellektuellen Kultur am Hof vereinte. Chosrau I nahm auch die Gelehrten auf, die aus Athen vertrieben wurden.[134]
Laut Gutas rief die zoroastrische Ideologie der persischen Könige eine große Übersetzungstätigkeit hervor. Sie beanspruchten, dass alle Wissenschaften der Welt einmal Bestandteil ihres uralten heiligen Buches waren. Dieses Buch sei von Alexander dem Großen zerstört worden, nachdem es ins Griechische und Koptische übersetzt war. Das Übersetzen stand damit im hohen Ansehen und war laut Gutas religiöse Pflicht.[135] Unter Chosrau II (590-628) hatte Aba von Kaskar großen Einfluss. Er war vertraut mit der Philosophie und erklärte die Logik von Aristoteles. Darüber hinaus hatte er Kenntnisse der Astronomie, der Medizin und der persischen, griechischen und hebräischen Sprache.[136]

---

129 Ebd., 176f., 187f.
130 Siehe dazu: Müller, Geschichte der orientalischen Nationalkirchen, 283.
131 Ebd., 303.
132 Siehe dazu: Young, Patriarch, Shah and Caliph, 58f.
133 Siehe dazu: Baumstark, Geschichte der syrischen Literatur, 123.
134 Siehe Becker, A.H., Fear of God, 128f. Laut Endreß aber, scheinen die Gelehrten aus Athen es nicht lange bei Chosrau I ausgehalten zu haben. Siehe dazu: Endreß, Athen – Alexandria – Bagdad – Samarkand, 47.
135 Siehe dazu: Gutas, Greek Thought, Arabic Culture, 40ff.
136 Siehe dazu: Baumstark, Geschichte der syrischen Literatur, 123f.

7. Die Mission und der Übergang zur arabischen Herrschaft

Die Ostsyrische Kirche war berühmt für ihre Mission. Paulus, der Heidenmissionar, spielte eine große Rolle in ihrer Theologie. Die Vorbedingung war der gut entwickelte Handel. Erst erschien der Kaufmann, der Missionar (Mönch) folgte seinen Spuren.[137] Nachdem die Priester verheiratet sein mussten, konnten vielleicht erfolgreiche Laien-Missionare, wie Händler, auch Priester werden.[138] Die Verbreitung wurde durch die Größe und die strategische Lage des expandierenden Imperiums der zoroastrischen Herrscher begünstigt. Die Nestorianer konnten sich im persischen Reich und bei den nomadisierenden Türkvölkern ungehindert bewegen. Es war zwar verboten, unter Zoroastern zu missionieren, aber die Sassaniden brachten mit den deportierten Christen neue potentielle Konvertiten ins Land.[139]

Schon zu Beginn des 5. Jh. hatte sich das ostsyrische Christentum weit über das Perserreich hin ausgebreitet. Es umfasste ca. 35 Bistümer und erstreckte sich bis zu Merw, wo es seit der 2. Hälfte des 4. Jh. ein Bistum gab.[140] Merw wurde sehr wichtig. Von hier erreichten die Nestorianer die Türkstämme am Oxosfluss.[141] Auch kamen sie bis nach Indien. Wann eine Verbindung mit den dortigen Thomaschristen stattgefunden hat, ist unklar. Jedenfalls wurde 345 ein Bischof von Indien erwähnt. Die Thomas-Tradition stammt übrigens aus Edessa, wo schon früh sein Grab verehrt wurde.[142]

Auf der Arabischen Halbinsel war die Ostsyrische Kirche zumindest seit 410 vertreten. Seit das Persische Reich um 580 nach Äthiopien und Jemen expandierte, sind in Sana und auf der Insel Sokotra ostsyrische Bistümer nachweisbar.[143]

Ab 602 nahm Chosrau II Jerusalem, Alexandria, Damaskus und Antiochien ein. Das arabische Königreich Hira wurde einverleibt. Zur Zeit des Religionsgesprächs im Jahre 612 hat Muhammad angefangen, seinen Glauben an den einen Gott zu verkündigen. Der byzantinische Kaiser Heraklios schlug Persien zurück in den Jahren 622-628. Vielleicht überließ er Westsyrien und Palästina jetzt tributpflichtigen Araberfürsten. Die politische Stabilität Persiens verschwand und Chosrau II wurde im Jahre 628 ermordet. Ab 630 gab es einige Zeit Frieden zwischen Persien und Byzanz, nachdem Katholikos Ishoyahb II (628-646), der auch als Bischof am Religionsgespräch beteiligt war, vermittelt hat. Während dieser Zeit breitete sich das ostsyrische Christentum bis nach China aus. Der

---

137 Siehe dazu: Müller, Geschichte der orientalischen Nationalkirchen, 306.
138 Siehe dazu: Spuler, Die Morgenländischen Kirchen, 21.
139 Siehe dazu: Brown, Die Entstehung des christlichen Europa, 206ff.
140 Siehe dazu: Hage, Art. Nestorianische Kirche, 265.
141 Siehe dazu: Müller, Geschichte der orientalischen Nationalkirchen, 306.
142 Siehe: Baum, Die Apostolische Kirche des Ostens, 51ff.
143 Siehe dazu: Winkler, Zeitalter der Sassaniden, 36.

letzte Shah war in die Nähe von Merw geflohen und wurde 651 ermordet. Die Araber nahmen 637 die persische Hauptstadt ein und die Nestorianer mussten sich ab jetzt mit ihnen abfinden.[144]

---

144 Ebd., 38-42.

II. Die arabischen Stämme zwischen Christentum und Islam

8. Die Ostsyrische Kirche auf der arabischen Halbinsel

Über Hira waren schon persische und aramäisch-nestorianische Einflüsse auf die Halbinsel gelangt.[145] Die Golfküste von Ost-Arabien war ab dem 4. Jh. meist nestorianisch, mit zahlreichen Bistümern, die Kontakte zu Hira und Edessa unterhielten. Sie missionierten stark und kamen über das Meer und die weiteren Handelsrouten und Handelsmärkte tief ins Hinterland. Hier predigte der Prophet Maslamah, oder Musaylamah, der mit ähnlichen Ansprüchen, wie die des Muhammad, Anhang unter dem Hanifastamm gewann. Sein Asketismus, mit Fasten und Verzicht auf Wein weist auf einen syrischen Einfluss hin.[146]
Ein prominenter Poet, Umaiya ibn Abī' ṣ-ṣalt (gest. um 630), verwendete auch biblische Stoffe. Seiner religiösen Haltung nach gehörte er zu den Hanifen. Er glaubte an den einen, persönlich gedachten Gott, den Herrn der Knechte und beschrieb in apokalyptischen Bildern die Wohnung Gottes, den Hofstaat der Gott dienenden Engel, das Gericht, Paradies und Hölle. Nach biblischem Vorbild erzählte er von der Erschaffung der Welt und schilderte wichtige Episoden der Heilsgeschichte. Der Mensch ist selbstverantwortlich moralischen Normen verpflichtet. Busse vermutet, dass er vielleicht die gleichen Quellen wie Muhammad verwendet hatte.[147] Die Beschreibung scheint Ähnlichkeiten mit der *Ursache* aufzuweisen.
Die Nestorianer waren auch auf der Insel Sokotra und im Yemen aktiv.[148] In Zentral-Arabien gab es wahrscheinlich weniger christlichen Einfluss.[149] Die Mekkaer standen mit den Christen in Syrien mittels Handel und Mönchen in Kontakt. Möglicherweise hatte es, wie die Tradition berichtet, im Jahre 608 Bilder von Jesus und Maria, Abraham, den Propheten und Engeln auf den Säulen der Ka'ba gegeben.[150]
Mas'ūdi (gest. 957) berichtete von arabischen Monotheisten *(ahl at-tahwīd)* vor dem Islam, die an die Auferstehung und an die Zwischenzeit *(fatra)*, die Jesus von Muhammad trennte, glaubten. Sie lebten asketisch und nahmen später meistens das Christentum an. Die islamische Tradition nennt diese Asketen *Hanif*. Laut Busse gab es hier nur einzelne Araber, die sich vom Heidentum abgewandt hatten, aber nicht den großen Religionen angehörten. Die spätere Über-

---

145 Siehe dazu: Hitti, History of the Arabs, 106.
146 Siehe dazu: Trimingham, Christianity Among the Arabs, 285f.
147 Siehe dazu: Busse, Die theologischen Beziehungen des Islams, 28f.
148 Siehe dazu: Trimingham, Christianity Among the Arabs, 303.
149 Siehe dazu: Goddard, Christian-Muslim Relations, 16f.
150 Siehe dazu: Trimingham, Christianity Among the Arabs, 258ff.

lieferung nennt sie *hanif*, nach Muhammads Vorbild, der den Patriarchen Abraham als *hanif* bezeichnet hat, weil er weder Jude noch Christ gewesen war (z.B. Sure 2,135 und 3,67).[151] Die Haniftradition ist vielleicht von der syrischen asketischen Tradition einer individualistischen, nicht-kultischen Elite beeinflusst.[152]

9. Die arabischen Stämme zwischen Persien und Byzanz

9.1. Die arabischen Stämme und das Christentum

In Nord-West Arabien und im Nord-Osten, am Euphrat, gab es christliche arabische Stämme, die in einer wechselnden Pufferzone zwischen dem Römischen und Persischen Reich Vasallenstaaten gründeten. Die Bevölkerung war ethnisch gesehen überwiegend arabisch, obwohl die meisten die aramäische Sprache übernommen hatten.
Zu unterscheiden sind die teils sesshaften aramäisch sprechenden Araber von den arabisch sprechenden Nomaden (Beduinen, oder *ṭāyyāye*). Die Araber behielten viele eigene Merkmale wie Namen, Genealogien, Bräuche und Familienrecht. Auch die Nomaden waren wichtig für die Wirtschaft. Sie ermöglichten die Transporte in der Wüste und lieferten Tierprodukte. Wo die fortwährenden Kriege zwischen den Byzantinern und Persern die agrarische Wirtschaft ruinierten, war es vorteilhaft für die Nomaden, die als wilde, unruhige Stämme betrachtet wurden. Um 350 werden sie in einem Bericht von Hieronymus *Ishmaeliten* oder *Sarazenen* genannt. Die Region um Nisibis wurde, aufgrund ihrer starken arabischen Prägung, unter den Sassaniden *Beth 'Arabyae*, genannt.
Es ist wenig bekannt über die arabischen Stämme in Mesopotamien und die Verbreitung des Christentums unter ihnen. In der Provinz Osrhoene blieben die Stämme ihrem christlichen Glauben noch lange treu.[153]
Am Anfang des Islam waren die meisten Araber im Südirak nestorianisch.[154]
In der syrischen Wüste war die Kirche vom Mönchtum, das im 4. Jh. gegen das Kirchenwesen protestiert hatte, geprägt. Im 6. Jh. wurde der Miaphysitismus dominant.[155] Viele miaphysitische Mönche, die von Justin I (518-527) in die Wüste verstoßen wurden, lebten unter den Arabern und missionierten erfolgreich.[156] Die eigenen Helden der arabisch-christlichen Nomaden tauchten wieder als Propheten des AT auf. Dazu gehörten vor allem die arabischen Nomaden Abraham, Ismael, Amos, Job und der Wüstenbewohner Moses.[157] Zumal

---

151 Siehe Busse, Die theologischen Beziehungen des Islams, 24f.
152 Siehe dazu: Trimingham, Christianity Among the Arabs, 261ff.
153 Ebd., 145-152.
154 Ebd., 163.
155 Siehe dazu: Goddard, Christian-Muslim Relations, 16.
156 Siehe dazu: Trimingham, Christianity Among the Arabs, 163f, 168f.
157 Ebd., 240.

die Taufe mit Askese verbunden war, gab es unter den Aramäern und Arabern noch lange weniger Getaufte, die eine Elite formten, als Katechumenen, die nur ein geringes Verständnis der Sakramente erhielten. Unter den arabischen Stämmen traten meist Mönche als Priester auf.[158]
Trimingham beschreibt den esoterisch, individualistischen Charakter des frühen syrischen Christentums, das sich vor allem in den Städten, und bei den Händlern und Kriegsleuten verbreitete. Ihre Institutionen und Riten konnten jedoch nicht in dem kollektiv geprägten Alltagsleben der aramäischen Bauern und der arabischen Bevölkerung integriert werden.[159] Auch die zunehmende Hellenisierung der antiochenischen Kirche war ihnen fremd. Möglicherweise haben aus diesem Grund die meisten Syrer den Miaphysitismus angenommen, da Christus so einfacher als Gott zu betrachten war.[160] Laut Trimingham vereinigten die arabischen Nomaden sich nur oberflächlich mit dem Christentum, da sie es als einen politischen Verbund betrachteten und ein Gott, der sowohl Mensch als Gott war, ihnen zu fremdartig war. Der aramäisch-jüdische Einfluss im syrischen Christentum habe gerade den Islam hervorgerufen, da das Gottesbild bestimmter Mönche dem islamischen sehr ähnelte und sie nur eine Beziehung von Herrn und Sklave, aber nicht von Vater und Kind sahen.[161]
Im Laufe des langen Krieges zwischen Ostrom und Persien war das besiedelte Gebiet Syriens und Palästinas am Rande der Wüste zusammengebrochen und ohne Schutz. Die Ruinen der toten Städte an den Karawanenstraßen stärkten eine Überzeugung, dass das Jüngste Gericht nahe stünde. Zwei wichtige Stämme hier waren die Lakhmiden und die Ghassaniden.[162]

9.2. Die Königreiche der Lakhmiden und Ghassaniden

Im 3. Jh. erreichten wieder arabische Nomaden die Tigro-Eufrat Ebene. Es waren die *Tanukh*, die sich in Hira[163] niederließen und später nestorianisch wurden. Hira wurde die Hauptstadt der Lakhmiden-Dynastie, womit auch die älteste bekannte proto-arabische Schrift verbunden ist. Diese Schrift steht auf dem Sarge des Lakhmidenkönigs Imru'al-Quays (gest. 328).[164]
Da die meisten Nestorianer ihren Glauben nur auf Kult und Liturgie beschränkten, war eine arabische Übersetzung christlicher Schriften für diese -meist bilingualen- Araber nicht notwendig.[165] Die Araber von Hira sprachen Arabisch und verwendeten Syrisch für das Schreiben. Die Christen in der Nähe unterrich-

---

158 Ebd., 217ff.
159 Ebd., 204-208.
160 Ebd., 212f.
161 Ebd., 310-316.
162 Siehe dazu: Brown, Die Entstehung des christlichen Europa, 210-215.
163 Hira oder al-Hira (Syr. Herta) = Lager.
164 Siehe dazu: Hitti, History of the Arabs, 81f.
165 Siehe dazu: Trimingham, Christianity Among the Arabs, 163.

teten als Lehrer der heidnischen Araber Lesen, Schreiben und die Religion. Dies wurde nach Arabien verbreitet. Auch der Stamm der Ghassaniden war zweisprachig.[166]

Die Araber um Hira waren zuvor von Mani's Lehre beeinflusst worden und kannten eine Zweiteilung in Gläubige, die eine strenge Askese übten, und die anderen, die der Lehre nicht so weit nachgingen. Mani war eklektisch und erkannte Zoroaster, den buddhistischen Gautama und Christus als göttliche Boten an. Die Gläubigen wurden mit einem christlich-arabischen Name, *ṣiddīqun* beschrieben. Die muslimischen Araber übernahmen diese Bezeichnung als '*zindīq*'. Laut Hitti entstammt diese Bezeichnung jedoch dem Persischen. Er beschreibt die Überlieferung, wonach die Quraysh, der Stamm wozu auch Muhammad gehörte, in Hira das Schreiben und den falschen Glauben (Arabisch: *zandaqah*, von persischen *zandik* = Magier, Manichäer, oder Häretiker) gelernt haben. Die persischen kulturellen Einflüsse müssen auch auf diese Weise ihren Weg gefunden haben.[167] Der erste Amir der Lakhmiden-Dynastie verteidigte Mani selbst, seine Nachfolger verhielten sich dem Christentum neutral gegenüber. Schon im Jahre 410 gab es in Hira einen Bischof. Hira war am meisten mit dem arabischen Christentum assoziiert. *Die al-Ibad* (auch *Aqulay*e genannt), eine Gruppierung gemischter Stämme, die im Christentum verbunden waren, prägten Hira.[168] Später gewannen aber die Miaphysiten hier an Einfluss. Die Lakhmiden-Dynastie, die Verbindungen mit dem Kinda-Stamm in Zentral Arabien hatte, endete im Jahre 602, als die Perser das System vom arabischen Vasallentum beendeten und sich das Königtum einverleibten.[169]

Die Ghassaniden waren mit den Lakhmiden verfeindet. Sie bevorzugten eine lokale Form des Miaphysitismus. Am Ende des 5. Jh. kam ihr Königtum in Syrien (Süd-östlich von Damaskus und nördlich der wichtigen Handelsroute) unter byzantinischem Einfluss und formte eine Pufferzone zur Abwehr der Beduinen. Im Jahre 529 ernannten die Byzantiner sie zum Herrscher über alle arabischen Stämme in Syrien, aber schwächten diese Position seit ca. 580 wieder ab. Dadurch entstand hier eine Anarchie. Als die Sassaniden im Jahre 613-14 Jerusalem und Damaskus einnahmen, endete ihre Dynastie. Es ist unsicher, ob der byzantinische Herrscher Heraklius das Vasallentum wieder herstellte.[170] Dank ihrem Bund mit dem Qurashī Clan von Banu Asad hatten sie einen Vertretungsort in der Nähe der Ka'ba in Mekka. Die Ka'ba ist das wichtigste Heiligtum der islamischen Welt. Christen aus Hira und Syrien besuchten Mekka, solange die christlichen arabischen Stämme der Halbinsel hier repräsentiert waren.[171]

---

166 Siehe dazu: Hitti, History of the Arabs, 78.
167 Siehe dazu: Trimingham, Christianity Among the Arabs, 143; Hitti, History of the Arabs, 81ff.
168 Siehe dazu: Trimingham, Christianity Among the Arabs, 154ff, 171.
169 Siehe dazu: Hitti, History of the Arabs, 84; Winkler, Zeitalter der Sassaniden, 38f.
170 Siehe dazu: Hitti, History of the Arabs, 78ff.
171 Siehe dazu: Trimingham, Christianity Among the Arabs, 260.

Hitti beschreibt eine tiefe Spaltung innerhalb der arabischen Stämme, die immer wieder zum Krieg Anlass gab. Es betrifft die yemenitischen Stämme, zu denen die Ghassaniden und Kalb zählten, die sich im westlichen Syrien gefestigt hatten. Sie wurden von den nordarabischen Stämmen am Euphrat und Tigris und deren Verbündeten bekämpft. Diese leiteten ihre Abstammung von Ismael ab.[172] Inwiefern solche arabischen Zwiste, vermischt mit dem jeweiligen (christlichen) Glauben, eine Rolle bei den Machtskämpfen spielten, und somit bei der Entwicklung des Islam, könnte vielleicht näher untersucht werden.

9.3. Die arabischen Eroberungen

Nachdem Heraklius die Perser noch zwischen 622 und 628 wieder zurück geschlagen hatte, konnte er nicht mehr lange standhalten. Nun erhielten hier die arabischen Stämme die Macht. Sie vertrieben die Byzantiner aus Syrien und Ägypten und eroberten bald das gesamte Sassanidische Reich.[173] In Syrien wurde 633 eingefallen. Muawiyah, der spätere Gouverneur Syriens und Begründer der Umayyaden-Dynastie, war dabei. Seine Macht stützte sich auf die yemenitischen Stämme. Al Hira kapitulierte als Erste außerhalb der Halbinsel. Vielleicht wurde ab 634 von Hira aus weiter erobert. Die überlieferten Daten aber widersprechen sich.
Damaskus wurde 635 unter Mitwirkung der dortigen Autoritäten eingenommen. Auch andere Städte bevorzugten die Araber gegenüber den Byzantinern.[174]
Dann wurde Persien erobert. Deren aramäischen Bauern begrüßten die arabischen Eroberer auch, da sie schon vertraut mit den -meist christlichen- Arabern waren. Diese standen ihnen näher als die zoroastrischen Perser. Bald kamen neue Ströme arabischer Stämme ins Land. Die Perser aber leisteten viel Widerstand und es dauerte eine lange Zeit, bis ganz Persien erobert wurde.[175]
Für die Nestorianer waren die neuen Herrscher dem unzuverlässigen Schutz des heidnischen Shah vorzuziehen und sie begrüßten die Gründung eines monotheistischen Imperiums. Die Araber erzwangen den Übertritt der christlichen Araber zum Islam und beschnitten allmählich die Rechte und den Bewegungsraum der Christen.[176] Waardenburg argumentiert, dass man zunächst eine Reformbewegung für alle Araber anstrebte. Der hartnäckige Widerstand der christlichen Araber im Norden könnte dazu beigetragen haben, dass Universalansprüche entstanden und das Christentum schärfer bekämpft wurde.[177]

---

172 Siehe dazu: Hitti, History of the Arabs, 280f.
173 Siehe dazu: Brown, Die Entstehung des christlichen Europa, 217.
174 Siehe dazu: Hitti, History of the Arabs, 147ff.
175 Siehe dazu: Hitti, History of the Arabs, 147ff, 155f.
176 Siehe dazu: Brown, Die Entstehung des christlichen Europa, 226; Müller, Geschichte der orientalischen Nationalkirchen, 301.
177 Siehe dazu: Waardenburg, Islamisch-Christliche Beziehungen, 57.

III. Die Nestorianer zur Zeit des frühen Islam

10. Die Nestorianer, Muhammad und der Koran

10.1. Muhammad und die Christen

Da die politischen und religiösen Auseinandersetzungen auch Arabien erreicht hatten, wurden hier die Nachteile von Judentum und Christentum heftig diskutiert, wobei es keine Regierung gab, die eine 'Orthodoxie' vorschrieb. Die Araber glaubten, dass Gott ihren Propheten berufen habe, ein endgültiges Urteil über die älteren Glaubensrichtungen zu verkünden, das in der Heiligen Schrift der Muslime, dem Koran, niedergelegt wurde.[178]
Wie viele Kontakte Muhammad mit Christen gehabt hatte, und in wie weit die islamische Tradition von Christen und Juden beeinflusst worden ist, wird äußerst kontrovers diskutiert. In der traditionellen Biographie von Muhammad[179], werden nur fünf wichtige Kontakte mit Christen genannt, wovon die letzten zwei schon die Überlegenheit Muhammads darstellen und die ersten drei nicht auf eine direkte Beeinflussung hinweisen.[180]
So wurde der Knabe Muhammad während einer Reise nach Syrien in Busra von einem Mönch, Bahira, als Prophet erkannt.[181] Einer Legende nach würde es einen ostsyrischen Mönch betreffen, der gerade sein Lehrer war.[182] Übrigens gibt es noch eine Überlieferung, demzufolge der Großvater Muhammads eine Übermacht der Miaphysiten besiegte hatte. Ihre Kathedrale hatte mit der Ka'ba als Pilgerort konkurriert. Im 'Jahr des Elephanten' hatten die Mekkaer die miaphysitische Kathedrale von Sana verschmutzt, weil diese als Pilgerort wichtiger für die Beduinen als die Ka'ba in Mekka wurde. Aus Rache entsandten die Miaphysiten ein großes Heer nach Mekka, um die Ka'aba zu verwüsten. Es wurde aber von den Mekkaern besiegt. Ihr Führer war Muhammads Großvater, bei dem dieser seine ersten acht Lebensjahre verbrachte. Seit diesem Tag galt sein Klan in ganz Arabien als das 'Gottesvolk'. Im selben Jahr wurde dann Mu-

---

178 Siehe dazu: Brown, Die Entstehung des christlichen Europa, 211-215.
179 Diese Biographie von Ibn Ishāq (gest. 767) ist in der Version von Ibn Hisham (gest. um 830) erhalten.
180 Siehe dazu: Goddard, Christian-Muslim Relations, 19ff.
181 Siehe dazu: Ibn Ishāq, Das Leben des Propheten, 36ff.
182 Siehe dazu: Winkler, Zeitalter der Sassaniden, 43. In seiner Polemik berichtet jedenfalls 'Abd al-Masīh al-Kindi, 9./10.Jh. von der Unterweisung Muhammads durch den christlichen Mönch Bahira. Siehe dazu: Spuler, Arabisch-christliche Literatur, 581. Vergleich aber auch Trimingham: "But the Syriac bhīrā is simply a title, 'reverend', by which any monk might be addressed [...] It is certain that there was no direct Christian influence upon Muhammad during the formative years of his mission since there is no trace of it in the early suras of the Qur'ān." Siehe: Trimingham, Christianity Among the Arabs, 258f.

hammad geboren.[183] Auch wird behauptet, dass Muhammad von Missionaren, die er im Jemen und auf der Handelsroute zum Irak kennen gelernt hatte, beeinflusst wurde. Der arabische Autor Abu l-Faraq al-Isbahani (gest. 967) behauptete, dass Muhammad eschatologische Predigten des ostsyrischen Quss b. Saide gehört habe, die sein Denken bestimmten.[184]

10.2. Christologie, Christen und Nestorianer im Koran[185]

Der Monotheismus des Korans lehnt jede Art von Beigesellung des einzigen und transzendenten Gottes ab.

112, 1: Sag: Er ist Gott, ein Einziger, 2 Gott, durch und durch (er selbst)(?) (w. der Kompakte) (oder: der Nothelfer(?), w. der, an den man sich (mit seinen Nöten und Sorgen) wendet, genauer: den man angeht?). 3 Er hat weder gezeugt, noch ist er gezeugt worden. 4 Und keiner ist ihm ebenbürtig.

Ihm dürfen keine menschlichen Qualitäten zugeschrieben werden. Die Trinität wird als eine Art Tritheismus betrachtet.

5, 73: Ungläubig sind diejenigen, die sagen: "Gott ist einer von dreien." Es gibt keinen Gott außer einem einzigen Gott. […]

Christus ist zwar das Wort Gottes und einer seiner Gesandten, aber nicht sein Sohn. Im Koran scheinen die streitenden christlichen Gruppierungen wahrgenommen zu werden. Diese irren sich aber alle (4, 171; 19, 34-40; 88-93).

4, 171: Ihr Leute der Schrift! Treibt es in eurer Religion nicht zu weit und sagt gegen Gott nichts aus, als die Wahrheit! Christus Jesus, der Sohn der Maria, ist nur der Gesandte Gottes und sein Wort, das er der Maria entboten hat, und Geist von ihm. Darum glaubt an Gott und seine Gesandten und sagt nicht (von Gott, daß er in einem) drei (sei)! Hört auf (so etwas zu sagen)! Das ist besser für euch. Gott ist nur ein einziger Gott. Gepriesen sei er! (Er ist darüber erhaben) ein Kind zu haben. Ihm gehört (vielmehr alles), was im Himmel und auf der Erde ist. Und Gott genügt als Sachwalter.

19,34: Solcher Art (w. Dies) ist Jesus, der Sohn der Maria – um die Wahrheit zu sagen, über die sie (d.h. die Ungläubigen (unter den Christen?)) (immer noch) im Zweifel sind. 35 Es steht Gott nicht an, sich irgendein Kind zuzulegen. Gepriesen sei er! (Darüber ist er erhaben.) Wenn er eine Sache beschlossen hat, sagt er zu ihr nur: sei!, dann ist sie. 36 Und (Jesus sagte:) "Gott ist mein und euer Herr. Dienet ihm! Das ist ein gerader Weg." 37 Aber dann wurden die Gruppen untereinander uneins. Wehe denen, die ungläubig sind: Sie werden einen gewaltigen Tag erleben (w. Wehe denen, die ungläubig sind, im Hinblick auf das Erlebnis

---

183 Siehe dazu: Lings, Muhammad. Sein Leben nach den frühesten Quellen, 34-38. Trimingham misst diesen Berichten wenig historischen Wert bei, siehe dazu: Trimingham, Christianity Among the Arabs, 304.
184 Siehe dazu: Baum, Die Apostolische Kirche des Ostens, 43.
185 Der Koran. Falls nicht anders vermeldet, ist die Übersetzung von R. Paret.

eines gewaltigen Tages)! 38 Wie gut werden sie am Tag (des Gerichts), da sie zu uns kommen werden, hören und sehen! Aber die Frevler befinden sich heute offensichtlich im Irrtum. 39 Warne sie vor dem Tag des (schmerzlichen) Bedauerns (über die Versäumnisse des Erdenlebens), wenn die Angelegenheit entschieden (und das Ende der Welt angebrochen) ist, während sie nichts (Böses) ahnen und (immer noch) nicht glauben! 40 Wir (allein) werden die Erde, und (alle) die auf ihr sind, erben. Und zu uns werden sie (dereinst alle) zurückgebracht.

19, 88: Sie (d.h. die Ungläubigen, oder: die Christen?) sagen: "Der Barmherzige hat sich ein Kind zugelegt." 89 (Sag:) Da (d.h. mit dieser eurer Behauptung) habt ihr etwas Schreckliches begangen. 90 Schier brechen die Himmel (aus Entsetzen) darüber auseinander und spaltet sich die Erde und stürzen die Berge in sich zusammen, 91 daß sie dem Barmherzigen ein Kind zuschreiben. 92 Dem Barmherzigen steht es nicht an, sich ein Kind zuzulegen.

Das Dogma der Dreieinheit Gottes und der Inkarnation, wobei Mensch und Gott zusammengehen, darf auch nicht als irgendein Gleichnis betrachtet werden, da ein Mensch kein Gleichnis von Gott machen darf.[186]

16,74: Prägt darum für Gott (der nicht seinesgleichen hat) keine Gleichnisse! Gott weiß Bescheid, ihr aber nicht.

Laut Schedl ist Jesus im Koran vor allem Gottesknecht und deshalb der wahre Muslim (19,30ff und 5,117).

19, 30: Er sagte: "Ich bin der Diener Gottes. Er hat mir die Schrift gegeben und mich zu einem Propheten gemacht. 31 Und er hat gemacht, daß mir, wo immer ich bin, (die Gabe des) Segen(s) verliehen ist, und mir das Gebet (zu verrichten) und die Almosensteuer (zu geben) anbefohlen, solange ich lebe, 32 und (daß ich) gegen meine Mutter pietätvoll (sein soll). Und er hat mich nicht gewalttätig und unselig gemacht."

5, 117: Ich habe ihnen nur gesagt, was du mir befohlen hast (nämlich): "Dienet Gott, meinem und eurem Herrn!" Und ich war Zeuge über sie, solange ich unter ihnen weilte. Nachdem du mich abberufen hattest, warst du es, der auf sie aufpaßte. Du bist über alles Zeuge.

Diese Verse können laut Schedl als die klassische Formel für Muhammads Christologie aufgefasst werden: 'Isā ist 'abd-Allah, Knecht Gottes, und somit ein wahrer Muslim, an dem kein Falsch ist. Knechtsein bedeutet volle Hingabe (=Islam). 'Abd-Allah wäre damit eine Kurzformel für Muslim.[187] Muhammad habe die biblische Gottesknechtchristologie, die urchristlich und fragmentarisch in der Apostelgeschichte erhalten sei, aufgenommen und gereinigt von Missdeutungen. Die hellenistische Christologie hatte diese nicht ausgebaut, während sie in Syrien dominant blieb.[188]

---

186 Siehe dazu: Rissanen, Theological Encounter of Oriental Christians, 69f.
187 Siehe dazu: Schedl, Muhammad und Jesus, 333f und 560.
188 Ebd., 564ff.

Vor allem in Sure 5 wird gegen die Gottheit Christi und die Trinität agiert. Die Debatten über die Christologie, wie z.B. das Religionsgespräch im Jahre 612, scheinen eine Reaktion in Vers 5,17 gefunden zu haben.

5,17: Ungläubig sind diejenigen, die sagen: "Gott ist Christus, der Sohn der Maria."

Laut Rissanen denkt Muhammad hier vielleicht an den Miaphysiten oder sogar an dem Nestorianer Hnana, der von 571 bis 610 das einflussreiche und kontroverse Haupt der Schule von Nisibis war. Fast alle seine Schriften sind verloren gegangen. Einer Aussage von Babai dem Großen zufolge habe Hnana behauptet: "Christus ist Gott und Gott ist Christus."[189] Die Widerlegungen im Koran gehen übrigens nicht auf metaphysische Problematik ein.

Es scheint auch, als ob Vers 5,116 gegen eine Auffassung von Maria als Göttin als Teil der Dreieinheit kämpft:

5, 116: Und (damals) als Gott sagte: "Jesus, Sohn der Maria! Hast du (etwa) zu den Leuten gesagt: 'Nehmt euch außer Gott mich und meine Mutter zu Göttern'!?" Er sagte: "Gepriesen seist du! (Wie dürfte man dir andere Wesen als Götter beigesellen!) Ich darf nichts sagen, wozu ich kein Recht habe. Wenn ich es (tatsächlich doch) gesagt hätte, wüßtest du es (ohnehin und brauchtest mich nicht zu fragen) (w. Wenn ich es gesagt habe, wußtest du es). Du weißt Bescheid über das, was ich (an Gedanken) in mir hege. Aber ich weiß über das, was du in dir hegst, nicht Bescheid. Du (allein) bist es, der über die verborgenen Dinge Bescheid weiß."

Vielleicht kommt das von der nestorianischen Polemik gegen die Chalkedonier, die ihnen unterstellte, dass ihre Auffassung von Maria als *theotokos* zwangläufig bedeuten musste, sie sei eine Göttin. Diese Art von Trinitäts-Auffassung wurde von ihnen aber nie vertreten. Laut Schedl lehnte Muhammad also nicht die chalkedonische, sondern eine häretische Trinitätslehre ab. Er habe sich dabei einseitig von der polemischen Propaganda beeinflussen lassen und vielleicht habe sein Feldzug gegen die Byzantiner in Jordanien Anlass gegeben, Unterstützung bei den mit ihnen verfeindeten Nestorianern zu suchen.[190] Auch M. Watt findet im Koran keine korrekte Darstellung des Glaubens der meisten Christen, wie die der Nestorianer aus dieser Zeit.[191]

Laut Schedl könnte ferner Michael Malpana Muhammad schon einige Argumente für seine Christologie geliefert haben. Deswegen könnte die Christologie

---

189 Siehe dazu: Rissanen, Theological Encounter of Oriental Christians, 166ff. Laut Schedl ist diese Aussage der nestorianischen Position ähnlich. Siehe dazu: Schedl, Muhammad und Jesus, 524ff. Ohlig ist aber nicht mit Schedl einverstanden. Siehe dazu: Ohlig, Das syrische und arabische Christentum, 397.
190 Siehe dazu: Schedl, Muhammad und Jesus, 533f.
191 Siehe dazu: Watt, Muslim-Christian Encounters, 23.

des Korans durch die Einbeziehung der nestorianische Christologie vielleicht besser verstanden werden.[192]

Im Koran stehen sieben positive Texte über Christen unter dem Vorbehalt, dass sie Muhammad und die ihm anvertrauten Offenbarungen akzeptieren, oder es akzeptiert hätten, wenn sie historisch in der Lage gewesen wären.[193] Andere Aussagen (5,72f) sind negativer, und bringen die Christen in Zusammenhang mit den verbotenen *shirk* (Polytheismus, Abgötterei) und *kufr* (Unglauben):

> 5, 72: Ungläubig sind diejenigen, die sagen: "Gott ist Christus, der Sohn der Maria." Christus hat (ja selber) gesagt: "Ihr Kinder Israels! Dienet Gott, meinem und eurem Herrn!" Wer (dem einen) Gott (andere Götter) beigesellt, dem hat Gott (von vornherein) den Eingang in das Paradies versagt (w. das Paradies verboten). Das Höllenfeuer wird ihn (dereinst) aufnehmen. Und die Frevler haben (dann) keine Helfer. 73 Ungläubig sind diejenigen, die sagen: "Gott ist einer von dreien." Es gibt keinen Gott außer einem einzigen Gott. Und wenn sie mit dem, was sie (da) sagen, nicht aufhören (haben sie nichts Gutes zu erwarten). Diejenigen von ihnen, die ungläubig sind, wird (dereinst) eine schmerzhafte Strafe treffen.

Die Christen und Juden haben als *ahl al-kitab* (Leute des Buches) einen nicht ganz verbotenen Sonderstatus, da sie die göttliche Wahrheit im *ingil* (Evangelium) und *tawrat* (Torah) zwar empfangen, jedoch gefälscht haben. Wo erst das Urteil über ihre Abgötterei oder ihren Unglauben Gott überlassen wurde, zeigen die späteren Suren eine zunehmende Überzeugung, dass das göttliche Urteil von der Gemeinschaft der Gläubigen vermittelt wird.[194]
Die Christen und Juden sollen gedemütigt werden, bis sie den wahren Glauben annehmen.

> 9. 29: Kämpft gegen diejenigen, die nicht an Gott und den jüngsten Tag glauben und nicht verbieten (oder: für verboten erklären), was Gott und sein Gesandter verboten haben, und nicht der wahren Religion angehören – von denen, die die Schrift erhalten haben – (kämpft gegen sie), bis sie kleinlaut aus der Hand (?) Tribut entrichten!

10.3. Christliche bzw. nestorianische Einflüsse im Koran?

Der Koran enthält viele syrische, äthiopische, persische und hebräische Wörter aus dem religiösen Bereich, die sich etwas verwandelt haben. Der wichtigste Einfluss ist das Syrische, da die Araber schon damit vertraut waren und die christlichen Araber syrische Begriffe verwendeten. Auch die Wörter der hebräischen Propheten sind vom Syrischen beeinflusst, mitunter aufgrund der apokryphen Erzählungen und aramäischen Geschichten, die im Umlauf waren. Im Koran wird Jesus *al-Masīḥ 'Īsā* genannt. Dieser Name stammt, laut Tri-

---

192 Siehe dazu: Schedl, Muhammad und Jesus, 525ff.
193 Zu nennen sind die Verse: 2, 62; 3, 55; 3, 199; 5, 66; 5, 82-3; 28,52-5 und 57, 27. Siehe dazu: Goddard, Christian-Muslim Relations, 26f.
194 Ebd., 27ff.

mingham, vom nestorianischen *Īshōʿ Mshīḥa*, wobei *al-Masīḥ* einen Titel darstellt.[195]

Schon der Name des Heiligen Buches scheint syrischen Einfluss zu zeigen. Das arabische *qur'an* und das syrische *geryana* stammen aus derselben Wurzel *grʾ* mit der Bedeutung 'lesen', oder 'laut anrufen'. Beide Begriffe geben einer religiösen Botschaft das höchste Maß an Autorität. Die syrischen Christen lasen sehr gesanglich vor, damit es zum Herzen sprach. Für die Anhänger Muhammads war es die Stimme Gottes. Laut Busse betont *qur'an* den mündlichen Vortrag des Buches. Der 'fremdsprachigen Rezitation' *(qur'an aʿǧamī)* von Juden, Christen und anderen, wird die 'arabische Rezitation' *(qur'an 'arabī)* oder die 'arabische Entscheidung' *(ḥukm 'arabī)* gegenübergestellt.[196]

H. Busse geht davon aus, dass Psalmen, exegetische Schriften, Kommentare und Evangelienharmonien eingeflossen sein könnten. Vor allem die syrische Bibelexegese von Ephräm dem Syrer sei dabei wichtig.[197] Weil die Heiligen Schriften der Christen nur als 'Evangelium' *(ingil)* bezeichnet wurden, sind die Vierzahl der Evangelien und die anderen Schriften vielleicht nicht bekannt.[198] Laut Ohlig könnte das auf die Annahme eines frühen ostsyrischen Einflusses hinweisen, da in Ostsyrien im 6. Jh. das Diatessarion noch in Gebrauch war. Ohlig ist der islamischen Tradition sehr kritisch gegenüber und geht davon aus, dass die ersten Entwicklungen des Islam durch die arabischen Eroberer von Damaskus und Bagdad beeinflusst wurden. Aus seiner Sicht war ihr arabisches Reich, entstanden aus den ehemaligen arabischen Vasallenreichen, vorerst noch christlich, und zwar von syro-arabischer Prägung. Hier wurde, wie im ursprünglichen syrischen Christentum, Christus nur als Mensch betrachtet. Diese Auffassung konnte nicht von der damaligen Ostsyrischen Kirche stammen, da sich diese gerade dem hellenistischen Denken angepasst hatte und somit die Göttlichkeit Jesu nicht ausschloss. Im Koran sei also eine vornizenische syrische Theologie gegeben, die eigentlich die syrische Theologie des 7. und 8. Jh. bekämpfte. Diese ältere Theologie wurde noch kurz vor Mitte des 4. Jh. von Aphrahat, in der ganzen Ostsyrischen Kirche bis 410 und in abgelegenen Regionen wohl länger, vertreten.

Ohlig beschreibt einige Merkmale dieser vornizenischen syrischen Theologie, die mit dem Koran übereinstimmen: Gott hatte keinerlei Teilhaber an der Macht. Jesus als 'Sohn Gottes' und als 'Logos' wurde damals, neben den Engeln, als 'Kraft' des einen Gottes verstanden. Jesus war in dieser Theologie jedoch sehr besonders, weil der Geist und der Logos auf ihm ruhten. Auch das Bekenntnis zu Jesus als 'Knecht Gottes' war eine besondere Form früher syrischer Theologie. Es war wie 'Sohn Gottes' ein Hoheitstitel. Die Bewährungschristolo-

---

195 Siehe dazu: Trimingham, Christianity Among the Arabs, 266f.
196 Siehe dazu: Brown, Die Entstehung des christlichen Europa, 205f und 213; Busse, Die theologischen Beziehungen des Islams, 30f.
197 Siehe dazu Busse: Die theologischen Beziehungen des Islams, 27.
198 Ebd., 116.

gie zeigte sich in der Bedeutung Jesu als gehorsamer Vollzieher des Willens Gottes.

Übrigens hatten die christlichen Araber, mit ihrem nomadischen Hintergrund, ihre Religion wahrscheinlich vor allem als 'Laienreligion' praktiziert, da kein nennenswerter Klerus bekannt ist. Das Mönchtum aber schien wichtig zu sein. Ohlig führt weiter an, dass diese Araber ein gesetzliches Denken in ihrem Christentum eingebracht hatten, das dann in den Koran aufgenommen wurde.[199] Das Bild einer Himmelschule, in der Gott die Engel über die Wahrheit und Schöpfung unterrichtet und das in der nestorianischen Tradition wichtig war, scheint sich auch im Koran zu finden. Der Koran wird betrachtet als ein himmlisches Urbuch, herabgesandt vom Herrn der Welten (56, 77-80; 43, 4; 13, 39). Sure 82, 10ff beschreibt die Engel als vortreffliche Hüter, die alles aufschreiben. Das Thema der Engel, die im Himmel mit kleinen Federn schreiben, findet sich nicht in der Bibel, sei aber laut Lings in Sure 68, 1 angedeutet.[200]

68, 1: n. Beim Schreibrohr und (bei) dem, was man (damit) niederschreibt!

Auch in Sure 96, 3-5 ist der Rede von dem Schöpfer 'der durch das Schreibrohr gelehrt hat.'

96, 3: Trag (Worte der Schrift) vor! Dein höchst edelmütiger Herr (oder: Dein Herr, edelmütig wie niemand auf der Welt) ist es ja, 4 der den Gebrauch des Schreibrohrs gelehrt hat (oder: der durch das Schreibrohr gelehrt hat), 5 den Menschen gelehrt hat, was er (zuvor) nicht wußte.

11. Die Verbreitung und Entwicklung des frühen Islam

11.1. Die Umayyaden

Die ersten Eroberungen der arabischen Stämme im thematisierten Gebiet sind im zweiten Teil kurz beschrieben worden. Nach den ersten Wirren um die Nachfolge Muhammads regierte Muawiyah seit 661 in Damaskus. Er baute ein stabiles, gut organisiertes Staatswesen.[201] Seine Dynastie in Damaskus, die vor-

---

199 Ohlig, Das syrische und arabische Christentum, 398-403.
200 Khoury übersetzt Sure 68,1 folgendes: "Nūn. Bei dem Schreibrohr und (bei) dem, was sie zeilenweise niederschreiben." Sowohl Khoury als Martin Lings erklären 'sie' mit den Engeln im Himmel. Martin Lings meldet darüber hinaus: "Unter den Dingen, die sie, das heißt die Engel, im Himmel mit kleinen Federn auf kleine Tafeln schreiben, befindet sich auch der himmlische Archetypus des Korans, auf den sich die späteren Offenbarungen beziehen und die ihn als *einen ruhmreichen Vortrag (qur'an) auf verwahrter Tafel* und als *die Mutter der Schrift* bezeichnen." [Kursivierung von Lings]. Siehe dazu: Lings, Muhammad, 67f; Der Koran. Arabisch-Deutsch, 713.
201 Siehe dazu: Hitti, History of the Arabs, 195.

her meist chalkedonisch, aber auch miaphysitisch geprägt war und wo Griechisch gesprochen wurde, bestand bis 750. Griechisch sprechende Araber, meistens Ghassaniden, wurden neben den gebliebenen Griechen für die Verwaltung eingesetzt. Seit den Jahren 717-20 durften die Christen aber keine hohen Stellen mehr besetzen.[202]

Unter abd al-Malik scheinen die Christen mehr unterdrückt zu werden. Auch wurden in Jerusalem der Felsendom und in Damaskus die Umayyaden-Moschee auf heiligen Orten der Juden und der Christen errichtet.[203]

In Damaskus waren die interreligiösen Kontakte sehr beschränkt. Die Umayyaden interessierten sich kaum für die dortigen Religionen und es gab auch noch keine systematische Form des islamischen Denkens. Der Islam war nur für Araber, die sich als superior betrachteten. Den unterworfenen Christen war es einerseits verboten, zum Christentum zu bekehren und andererseits den Koran zu lernen. Die Umayyaden lehnten weiterhin das griechische Denken ab.[204] Am Anfang ließen sie die kirchliche Organisation intakt und mischten sich nicht in interne Angelegenheiten ein, solange die Steuern bezahlt wurden. Aber mit der Zeit nahm der Druck zu.[205] Später mischten sie sich mehrfach in die Wahl des Katholikos ein und unterstützten auch Rivalitäten innerhalb des höheren Klerus.[206] Die Abbasiden erhielten Unterstutzung der *Schiiten* und anderer Muslime in Persien gegen die syrische Herrschaft, die sie als unmoralisch und vor allem nicht-islamisch darstellten.[207] Die *Schiiten* wollten nur einen Nachkommen Ali's als Kalifen anerkennen. Muawiyah regierte, nachdem Ali, sein Rivale, ermordet wurde. Als auch dessen Sohn al-Husayn nach dem Tod von Muawiyah ermordet wurde, trennten die *Schiiten* sich von den anderen Muslimen. Ihr wichtigstes Gebiet ist im Iran.

Auch in dem frühen Islam gab es apokalyptische Erwartungen. Man erwartete, aber nicht im Koran, den *Mahdi* (der Rechtgeleitete), der mit der Person Jesu identifiziert wurde. Später wurde diese Vorstellung verändert und der Mahdi sollte ein Nachkomme Muhammads sein. Jesus bleibt aber mit den islamischen Heilserwartungen eng verbunden.[208]

---

202 Siehe dazu: Rissanen, Theological Encounter of Oriental Christians, 8f; Gutas, Greek Thought, Arabic Culture, 17f.
203 Siehe: Griffith, Disputing with Islam in Syriac, Paragraph 2f.
204 Siehe: Rissanen, Theological Encounter of Oriental Christians, 49; Gutas, Greek Thought, Arabic Culture, 18f.
205 Siehe dazu: Waardenburg, Islamisch-Christliche Beziehungen, 71.
206 Siehe dazu: Baum, Die Apostolische Kirche des Ostens, 43 und 47.
207 Siehe dazu: Hitti, History of the Arabs, 280ff.
208 Siehe dazu: Heine, Art. Mahdi, 487f.

11.2. Die Abbasiden

Nach einem Krieg konnten die Abbassiden sich 750 als die wahren Nachfolger Muhammads behaupten. Al-Mansur (754-775) war nach dem Tod seines Bruders Abu al-Abbas im Jahre 754 in seiner Residenz al-Hira installiert worden und sammelte seinen Hof dorthin.[209] Er verlagerte die Hauptstadt im Jahre 762 nach dem neu gebauten Bagdad, wo die Nestorianer die dominante christliche Religion bildeten. Hier war die Kultur hellenisiert und es wurden die griechischen Wissenschaften gepflegt. Es war multikulturell mit aramäischen und persischen Sprachen. Die frühen Abbasiden waren also abhängig von der lokalen persischen Elite, christlichen Arabern und Aramäern.[210] Die persische Barmakidenfamilie spielte bis 803 eine wichtige Rolle in der Leitung des Staates.[211] Die Abbasiden waren gegen die arabische Exklusivität der Umayyaden. Viele Nicht-Araber bekamen deswegen hohe Posten und die arabischen Aristokraten verloren ihre Macht. Der Islam stand jetzt Proselyten frei, wodurch die Islamisierung zunahm. Das führte zu Widerstand sowohl in der islamischen als auch in den anderen Religionen.

Al-Mahdi (775-785) beschäftigte sich mit religiösen Fragen und förderte das Übersetzen.[212] Die Abbasiden hatten mit viel Gewalt die Macht über ihre Glaubensgenossen ergriffen und hatten als erste Herrscher im Islam neben ihrem Thron einen Platz für standrichterliche Exekutionen von Gegnern. Ihre Propaganda, die erst gegen die Omayyaden eingesetzt wurde, versuchte sich jetzt die Volksgunst zu sichern. Dafür entwickelten sie den Gedanken, dass die Macht immer bei den Abbasiden verbleiben und endlich zu Jesus ('Isā) gelangen würde.[213] Auch hatten sie zu dieser Herrschaftsideologie eine passende Version der frühen Geschichte des Islam in Umlauf gesetzt. Demnach habe Ali anerkannt, dass Abbas sein Nachkomme sei. In dessen Familie sei gleichsam unterirdisch das Erbe der Bestimmung zum Kalifat weitergegeben worden, bis es 750 an den

---

209 Siehe dazu: Al-Tabari, The early 'Abbasi Empire Vol. I, 4. Übrigens bildet die Übersetzung des Namens von Abu al-Abbas al-Saffah ein Beispiel für die unterschiedlichen Interpretationen, die man in der Literatur finden kann. So schreibt Hitti: "...the first 'Abbāsid caliph referred to himself as al-saffāh, the bloodshedder, which became his sobriquet. This was ominous, since the incoming dynasty, much more than the outgoing, depended upon force in the execution of its policies." P. Heine merkt dagegen auf: "Dieser Herrschername ist signifikant für das chiliastische Moment in der 'abbasidischen Revolution; denn er bedeutet 'derjenige, der reichlich gibt'. Eine der Eigenschaften, die dem Mahdi (s. dort) als der messianischen Figur des Islam zugeschrieben wird, ist die der Großzügigkeit." Siehe dazu: Hitti, History of the Arabs, 288; Heine, Art. 'Abbasiden, 16.
210 Siehe dazu: Gutas, Greek Thought, Arabic Culture, 19f.
211 Ebd., 34.
212 Ebd., 62-66.
213 Die Rolle von Jesus hat Hitti dem Tabari, vol. iii, p.33, und ibn-al-Athar, vol. v, p. 318 entnommen. Siehe: Hitti, History of the Arabs, 288f.

Tag gebracht werden konnte. Die Abbasiden stellten sich damit über sämtliche islamische Glaubensrichtungen. Die *Schiiten* rebellierten dagegen und wurden daher verfolgt. Die *Sunniten* waren skeptisch.[214]

Die Vergangenheit wurde unter diesen Gesichtspunkten streng zensiert. Da die Abbassiden einen wahrhaft islamischen Staat, der allgemein zugänglich sein sollte, begründen wollten, wurden *fiqh* (Jurisprudenz) und *ilm al-hadit* (Wissenschaft der Überlieferungen über Muhammad) angeregt, um zu bestimmen, was als religiöses Gesetz angesehen werden sollte. Sie versuchten zu beweisen, dass der Islam eine endgültige göttliche Offenbarung war. Zugleich brauchten sie praktische, moralische und gesetzliche Regeln. Die Religion wurde also meist als Gesetz betrachtet und als Folge davon erhielt die Religion der Christen dort auch einen mehr juristischen Charakter.[215]

Die islamische Geschichte erlebte eine weitere Wende, als al-Mamun (813-833) nach dem Bürgerkrieg von 809 bis 813 seinen Bruder al-Amin besiegte. Al-Mamun blieb aber noch bis zum Jahre 819 im östlich gelegenen Merw, wo er am Barmakidenhof von Kind an von zoroastrischen Ideen beeinflusst war. Die Macht der Abbasiden war durch den Krieg in eine Krise geraten und musste wieder legitimiert werden. Al-Mamun entwickelte eine neue Ideologie und änderte die Historiographie. Zu seiner Zeit wurde das Recht von as-Safi'i (gest. 820) auf Grund der *sunna* (*die sunna* beschreibt den Brauch der Urgemeinde) kodifiziert und es wurden auch die dazu gehörenden *hadithen* (Überlieferungen Muhammad betreffend) festgelegt. Seine neue Politik ruhte auf einer absolutistischen Interpretation des Islam, wobei der Kalif mittels dialektischer Argumentation als endgültiger Richter des Dogmas auftrat. Er versuchte mittels einer neuen intellektuellen Elite die Rolle von anderen islamischen religiösen Autoritäten zu reduzieren. Es entstand die *mihna,* eine Inquisition, die die Doktrin des geschaffenen Korans propagierte und behütete. Al-Mamun zentralisierte die Verwaltung und das Heer.[216] Laut Gutas benutzte er, wie sein Großvater al-Mansur, eine alte Sassanidische Herrschaftsideologie, die Kontrolle über die Religion als Grundlage der weltlichen Macht forderte.

Der erste sassanidische Herrscher, der berühmt für seine politische Weisheit war, habe seinen Nachfolger in einem ihm zugeschriebenen Testament, das gerade vor dem arabischen Sieg auftauchte, folgendes gelehrt:

Know that royal authority and religion are two brothers in perfect agreement with each other. Neither can subsist without the other, because religion is the foundation of royal authority, and subsequently royal authority becomes the guardian of religion; royal authority cannot do without its foundation, and religion cannot do without its guardian, because whatever has no guardian gets lost and whatever has no foundation is demolished. The very first thing which I

---

214 Siehe dazu: Nagel, Geschichte der islamischen Theologie, 100.
215 Siehe dazu: Waardenburg, Islamisch-Christliche Beziehungen, 71f.
216 Siehe dazu: Gutas, Greek Thought, Arabic Culture, 75-80; Nagel, Geschichte der islamischen Theologie, 99ff.

fear for you is that people of low social standing will surpass you in the study of religion, [...]
Know that there can never come together in a single state a concealed religious leader and a declared political leader without the religious leader usurping the power from the political leader because religion is the foundation and royal authority the pillar, and he who controls the foundation is in better control of the entire edifice than he who controls the pillar....
Know that your rule extends only over the bodies of your subjects, and that kings have no rule over hearts. Know that even if you subdue the power of people you shall not subdue their minds [....] for it is in terms of religion that he will argue, for the sake of religion that he will pretend to get angry and on account of religion that he will cry and religion that he will invoke....
The king ought not to concede to worshippers, ascetics, and the pious that they are worthier of the religion, more fond of it, and more angry on its account than himself.[217]

Bagdad war wegen des Bruderkrieges verwüstet. Al-Mutassim (833-842) verlegte daher die Hauptstadt von Bagdad nach Samarra.[218] Die relative Freiheit der Christen unter al-Amin und al-Mamun (809-833) änderte sich unter al-Mutawakkil (847-861), dem letzten bedeutenden abbasidischen Kalif. Er förderte die Benachteiligung der Christen[219] und die Muslime durften keine Freunde unter den Ungläubigen haben.[220]

12. Die frühe islamische Theologie: die *Hadithen* und der *Kalam*

Die wichtigsten Quellen nach dem Koran, sind die *hadithen* (Nachrichten). Unter Umar II (717-720) wurden Sammlungen gefördert von mündlich tradierten Taten, Aussagen und stillschweigenden Genehmigungen Muhammads, die als verbindlich für die Muslime betrachtet wurden. Diese frühen Sammlungen sind nicht erhalten. Aber die unter den Abbasiden manchmal überarbeiteten Sammlungen, die im frühen 9. Jh. abgeschlossen wurden, sind normativ geblieben. Das Beispiel (*sunna*) der Alten sollte eine einträchtige Gemeinschaft verwirklichen. Das *hadith* wurde die wichtigste Quelle für die Rechtswissenschaft.[221]
Während das *hadith* nur für die innerislamischen Angelegenheiten geeignet war, konnte der *kalam* auch die anderen Religionen bekämpfen. Denn die islamischen Theologen (*mutakallimun*) versuchten, die Botschaft des Propheten in einem den Kategorien des menschlichen Verstandes zugänglichen System ein-

---

217 Zitat nach Gutas, Greek Thought, Arabic Culture, 80f.
218 Siehe dazu: Nagel, Geschichte der islamischen Theologie, 95.
219 Siehe dazu: Waardenburg, Islamisch-Christliche Beziehungen, 73f.
220 Siehe dazu: Baum, Die Apostolische Kirche des Ostens, 60.
221 Siehe dazu: Nagel, Geschichte der Islamischen Theologie, 79-85.

zuordnen. Ihr Kernproblem war die menschliche Verantwortbarkeit des Handelns gegenüber der Allmacht des einen Schöpfers.[222]

Der Anfang der islamischen Theologie (*'ilm al-kalam*) lag in den Diskussionen des ersten islamischen Jahrhunderts über die Nachfolge und die Natur des Glaubens.[223] Laut Tilman Nagel sollte der *kalam* zunächst zwischen den verfeindeten islamischen Glaubensrichtungen vermitteln. Er betonte die rationale Überlegung menschlichen Handelns. Die beiden Parteien des ersten Bürgerkriegs wurden mit dem Streitfall zweier Ehegatten über die vermeintliche Unehelichkeit ihres Kindes verglichen. Hier lag, dem islamischen Recht nach, das Verfahren des *li'an* vor. Mann und Frau mussten ihre einander widersprechenden Aussagen durch gegenseitige Verfluchung bekräftigen. Im *kalam* sollte nun mit vernünftigen Argumenten eine Darstellung der Geschichte gegeben werden.[224] Wahrscheinlich diente er also erst der theologisch-politischen Apologie und später der Propaganda der Abbasiden.[225]

Die Abbasiden entschieden sich für eine der rivalisierenden Gruppen von Theologen, die *Mu'taziliten*, die von allgemein akzeptierten intellektuellen Prinzipien ausgingen und gegen die Tradionalisten (*ahl al-hadit*), da diese nicht mit der Islamisierung von Nicht-Arabern einverstanden waren.[226] Ihr Name deutet, nach ihren eigenen Angaben, auf den Rückzug *(i'tizal)* aus den Zwisten über die Schuldfrage des ersten Bürgerkriegs.[227] Wo die Sunniten ein Stillschweigen über alle bedenklichen Überlieferungen wollten, verspotteten die *Mu'taziliten* dies, und sie versuchten Muawiya und Ali als Sünder darzustellen.[228]

Unter al-Mamun blühte der Rationalismus der *Mu'taziliten* auf.[229] In der Dialektik wurde der aristotelische Syllogismus das wichtigste Instrument. Einige wichtige Themen waren: Prädestination und göttliche Gerechtigkeit; göttliche Einzigkeit und göttliche Eigenschaften; die göttliche Vergeltung und Klärung religiös-rechtlicher Begriffe. Wegen der Einzigkeit Gottes wurden Anthropomorphismen abgelehnt. Daher konnte man nichts Positives über Gott aussagen und es wurde eine negative Theologie angewendet. Darüber hinaus vertraten die *Mu'taziliten* die Meinung, dass der Koran geschaffen sei.[230]

Die dialektische Methode des *kalam* war aber nicht geeignet für theologische Begriffe wie 'Offenbarung'. Die Traditionalisten waren gegen den *kalam*, da es zu 'neuen Wahrheiten' führen solle und damit die Offenbarung und die Traditi-

---

222 Ebd., 93f.
223 Siehe dazu: Gutas, Greek Thought, Arabic Culture, 69f.
224 Siehe dazu: Nagel, Geschichte der islamischen Theologie, 92f.
225 Siehe dazu: Niewöhner, Art. Kalam, 669ff.
226 Siehe dazu: Rissanen, Theological Encounter of Oriental Christians, 233f.
227 Siehe dazu: Nagel, Geschichte der islamischen Theologie, 106.
228 Ebd., 118f.
229 Ebd., 100f.
230 Siehe dazu: Raeder, Der Islam und das Christentum, 68ff.

onen bedrohen könne.[231] Unter al-Mutawakkil siegten die Traditionalisten und es endete die Vorherrschaft der *Mu'taziliten*.[232]
Laut Gutas gab es auch persische und manichäische Einflüsse in der Entwicklung des *kalam*. Schon bei Chosrau I wurde dazu angesetzt 'die Welt durch Diskussion zu etablieren'. Gutas sieht hierin Verwandtschaft mit dem *kalam*. Der dualistische Manichäismus beeinflusste weiter das Interesse an der Astrologie und Kosmologie. Atome, Raum und Leere bestimmten deswegen die frühen Diskussionen, wobei die *Physik* von Aristoteles benutzt wurde.[233]
Tilman Nagel beschreibt, wie der *kalam* schon bei innerislamischen Auseinandersetzungen einen stark polemischen Zug hatte, der bald von der islamischen Jurisprudenz übernommen wurde.[234] Khoury hebt dagegen die apologetische Funktion des *kalam* hervor. Der *kalam* wird von Khoury als 'Apologie' übersetzt. Der *kalam* sei eher defensiv, indem man erst den Standpunkt des Gegners definierte, um ihn wirksamer widerlegen zu können[235]

13. Die Position der Christen unter den islamischen Herrschern

13.1. Der *Dhimmi*status

Nach den ersten Eroberungen stabilisierte sich einigermaßen die Situation. Die arabischen Herrscher behielten die militärische und politische Macht, während die Nicht-Muslime einige Religionsfreiheit genossen. Die Regelungen wurden in einem Vertrag festgelegt, der Umar I, dem zweiten Kalifen, zugeschrieben wird. Er stammt aber sehr wahrscheinlich, wie viele andere ihm zugeschriebene Werke, aus den Rechtsschulen des zweiten islamischen Jahrhunderts. Die Christen und Juden erhielten als 'Leute des Buches' einen *Dhimmi*status. Dazu gehörten Steuern (*jizya*) und Erniedrigung. Diese wurden Sure 9.29 entnommen. Auch im Sassanidenreich hatte es ähnliche Maßnahmen gegeben. Neben speziellen Steuern schien es hier bereits im 6. Jh. eine bestimmte Kleidung für Christen zu geben.[236] Die Kopfsteuer, die die *dhimmi* als 'Schutzgeld' bezahlen sollten, war wirtschaftlich von großer Bedeutung für die Eroberer und diente deren weiteren Eroberungen. Schon davor war es in Arabien weit verbreitet, dass Nomaden von Sesshaften Schutzgeld forderten. Erst jetzt wurde es religiös motiviert.[237] Hinzu kam die Landsteuer, womit die Ungläubigen, die meistens

---

231 Siehe dazu: Rissanen, Theological Encounter of Oriental Christians, 235f.
232 Siehe dazu: Nagel, Geschichte der islamischen Theologie, 123.
233 Siehe dazu: Gutas, Greek Thought, Arabic Culture, 70 ff.
234 Siehe dazu: Nagel, Geschichte der islamischen Theologie, 87f.
235 Siehe dazu: Khoury, Art. Apologetik, 59ff.
236 Siehe dazu Goddard, Christian-Muslim Relations, 44ff. Siehe dazu auch: Müller, Geschichte der orientalischen Nationalkirchen, 302.
237 Siehe dazu: Ye'or, Der Niedergang des orientalischen Christentums, 133f.

Bauern waren, beträchtlich die Staatskasse füllten.[238] Aus entsprechenden praktischen Gründen erhielten auch später Zoroastrier, Manichäer u.a. den *Dhimmi*status. Die rechtliche Position war schwach, so war die Aussage eines Christen oder Juden gegenüber einem Muslim gegenstandslos, da sie sich, aufgrund Verfälschung ihrer Schrift, als unzuverlässig gezeigt hatten.[239]
Die arabische Kolonisierungspolitik wurde begleitet von einer Umsiedlung und Deportation der *dhimmis*, worunter sich auch Nestorianer befanden.[240]

13.2. Einige Maßnahmen

Die Maßnahmen gegen die Christen wurden unter den Abbasiden härter. Al-Mansur mischte sich in die kirchlichen Angelegenheiten ein. Er verfolgte die Manichäer. Als al-Mahdi im Jahre 778 vom byzantinischen Kaiser geschlagen wurde, reagierte er hart gegen die Christen in seinem Land. Sein Nachfolger Harun ar-Raschid (786-809) verhielt sich ähnlich und startete eine antichristliche Verleumdungskampagne. Die Christen wurden verdächtigt, eine 5. Kolonne des Byzantinischen Reiches zu sein. Viele Kirchen wurden zerstört, und den Christen wurden erniedrigende Maßnahmen auferlegt.[241] Unter al-Mahdi waren schon viele Christen vor den heftigen Verfolgungen geflüchtet, während die Zurückgebliebenen von den Muslimen argwöhnisch beobachtet wurden. Auch unter al-Mamun kam es zum Exodus der Christen.[242] Laut Waardenburg war al-Mamun jedoch wegen seiner Offenheit gegenüber den Christen und ihrer Kultur bekannt. Die Christen in den Städten, wo die Muslime inzwischen die Mehrheit bildeten, wurden gehasst, weil sie ihre Überlegenheit demonstrieren wollten. Unter al-Mutawakkil wurden Nichtmuslime alsdann stärker benachteiligt. Mehr Christen konvertierten deshalb. Nur außerhalb der Städte hatte es noch lange Zeit große Gruppen von Christen gegeben.[243]
Wahrscheinlich hat es in Nord-Mesopotamien erst wenig Übertritte zum Islam gegeben und alle Muslime waren also Araber. Der Nestorianer Thomas von Marga war seit 832 im Kloster von Beth Abe. Sein *Buch der Gouverneure* wurde wahrscheinlich um 840 geschrieben. Er erwähnte darin den arabischen Sieg nicht und benutzte auch nicht das religiöse Wort *Muslim*, sondern *Araber* oder *Ishmaelit*. Zur Datierung wurde einmal 'das 217. Jahr der Herrschaft der Araber' verwendet. Er beschrieb, wie die Araber ab 724 immer mehr verwüsteten und einnahmen. Nicht vor 760 berichtete er von einem Gouverneur aus Mosul.[244]

---

238 Siehe dazu: Hitti, History of the Arabs, 320.
239 Ebd., 353f.
240 Siehe dazu: Ye'or, Der Niedergang des orientalischen Christentums, 143.
241 Siehe dazu: Waardenburg, Islamisch-Christliche Beziehungen, 72f.
242 Siehe dazu: Baum, Die Apostolische Kirche des Ostens, 57.
243 Siehe dazu: Waardenburg, Islamisch-Christliche Beziehungen, 73f.
244 Siehe dazu: Young, Patriarch, Shah and Caliph, 110f.

13.3. Die Chalkedonier und Miaphysiten

Für das Kirchenleben war die arabische Eroberung eine Katastrophe. Drei von fünf Patriarchaten waren jetzt in arabischen Händen. Viele flüchteten. Die Kirche war jetzt vor allem von den Klöstern abhängig. Das Kloster der Chalkedonier war Mar Saba, in der Nähe von Jerusalem. Als ihnen bewusst wurde, dass die arabische Besatzung nicht vorübergehend war, mussten die Chalkedonier ihren Kaiser theologisch umdeuten. Seine Macht bezüglich theologischer Fragen wurde von ihnen weiter verneint.

Auch für die Miaphysiten war es schwierig, da sie meist nationale Kirchen gebildet hatten. Sie betrachteten das Patriarchat von Antiochien als ihr eigenes. In Persien waren ihre wichtigsten Orte das Kloster Mar Mattai und die Stadt Takrit. Sie spielten eine spezielle Rolle in der Formation des Islam, da es arabische Stämme gab, die ihnen angehörten. Manchmal bekleideten sie hohe Posten in der islamischen Verwaltung, aber sie waren nicht so wichtig wie die Nestorianer.[245]

13.4. Die Nestorianer

Erst gab es wenig Übertritte, aber die Zeit der Omayyaden in Damaskus war ungünstig für die Nestorianer. Das Einmischen der Gouverneure führte zu Spaltungen und Übertritten.[246] Unter den Abbasiden in Bagdad erhielten die Nestorianer eine bessere Position, vielleicht da sie in Persien zwar die größte christliche Kirche, aber noch immer eine Minderheit bildeten und nie unter byzantinischer Herrschaft gestanden hatten und keine nationale Religion gebildet hatten. Die Abbasiden wurden vor allem von dem östlichen Teil des Reiches unterstützt und bevorzugten daher deren persische und nestorianische Elemente. Möglicherweise spielten auch theologische Gründe eine Rolle. Die bevorzugte Position lässt sich auch von der Zustimmung zur Mission ablesen.[247]

Die muslimische Begegnung mit dem orientalischen nestorianischen Christentum und die Entdeckung des griechisch-hellenistischen Erbes waren eng miteinander verbunden, denn die Christen spielten eine beachtliche kulturelle Rolle. Es gab christliche Sekretäre (*kuttab*), Ärzte und Übersetzer am Hof. Bis zur Wende al-Mutawakkils suchten die Muslime und Christen hier gemeinsam nach Erkenntnis und Kultur. Aber die Christen außerhalb des Hofes wurden verachtet. Nur gelegentlich konnten sie etwas Hilfe von christlichen Gönnern am Hofe erhalten.[248] Die christlichen Beamten in der Finanzverwaltung und der Bürokratie bildeten eine neue Kaste, die bald die arabische Sprache übernahm, immer weniger Syrisch sprach und wegen besserer Karriereperspektiven zum Islam

---

245 Siehe dazu: Rissanen, Theological Encounter of Oriental Christians, 37-42.
246 Siehe dazu: Spuler, Die Morgenländischen Kirchen, 27.
247 Siehe dazu: Rissanen, Theological Encounter of Oriental Christians, 41f.
248 Siehe dazu: Waardenburg, Islamisch-Christliche Beziehungen, 77.

übertrat.[249] Der Katholikos Timotheus (780-823) wollte solche Übertritte verhindern. Dazu versuchte er alle Christen sich ihm zu unterstellen, da die islamischen Herrscher die Spaltungen benutzten und Übertritte somit beschleunigt wurden. Er verlegte seinen Sitz nach Bagdad und vertrat dort alle Christen gegenüber den Kalifen. Timotheus wehrte sich gegen die finanziellen Lasten und die zunehmende soziale Benachteiligung. Er führte eine neue, zentralistische Kirchenordnung ein, stiftete Klöster und Schulen, setzte die nestorianischen Gelehrten für die neue Gesellschaft in Bagdad ein und stimulierte die Mission.[250]

14. Die ersten Reaktionen der Christen

14.1. Allgemein

Für die Christen war die Invasion der Araber wie im Buch Daniel und wie das Ende der Welt. Es regte ihre Hoffnung auf die Rückkehr Christi.[251] Die Zeugenberichte erwähnten bis gegen Ende des 8. Jh. die arabische Herrschaft nur sporadisch als islamische Herrschaft.[252] Sie interpretierten die Invasion zuerst an Aussagen des alttestamentlichen Buches Genesis. Die Araber wurden als Nachkommen Ishmaels, des Sohnes von Abraham und der Sklavin Hagar, betrachtet. Ein nestorianischer Mönch schrieb in den 670er Jahren im Irak, dass die Ishmaeliten siegreich waren, da sie -wie Abraham- Gott in der Wüste anbeteten.

Sowohl die Miaphysiten als auch die Nestorianer waren sich einig, dass es ein Urteil Gottes war. Es wurde meist als Strafe für die gehassten Byzantiner, unter denen sie bisher schwer gelitten hatten, betrachtet. Auch wurde es als eine Strafe für christliche Häresie gedeutet und es wurde dementsprechend mit ihren schon jahrhundertenlangen bewährten Polemiken angegriffen. Diese Interpretationen hielten sich bis zum 9.-10. Jh. Danach wurden sie deutlich negativer, erst bei den byzantinischen Christen, aber bald danach auch bei den Nestorianern und Miaphysiten.[253] Unter den Abbasiden begannen sich die Christen gegen den Islam zu wehren, da er immer stärker als offizielle Religion und Ideologie hervorgehoben wurde und der Staat sich mehr für die religiösen Unterschiede und Dispute interessierte. Die Gemeinschaft wurde zunehmend islamisiert, während sich die Position der Christen verschlechterte. Die Christen konnten noch bis Anfang des 9. Jh. einen sozio-politischen, kulturellen und religiösen Druck auf den Islam ausüben, danach war es umgekehrt.

---

249 Siehe dazu: Baum, Die Apostolische Kirche des Ostens, 62.
250 Siehe dazu: Spuler, Die morgenländischen Kirchen, 26ff.
251 Siehe Brown, Die Entstehung des christlichen Europa, 217f.
252 Siehe dazu: Ohlig. Hinweise auf eine neue Religion, 318.
253 Siehe dazu: Goddard, Christian-Muslim Relations, 35-41.

Die wichtigsten Themen der Debatte wurden vielleicht schon während der Umayyadenzeit definiert.[254] Sowohl unter Chalkedoniern, Miaphysiten als auch Nestorianern gab es gelegentlich gründliche Kenntnisse des Islam, wobei erkannt wurde, dass es hier noch viele, von mehreren Gruppen umstrittene Themen gab.[255]
Unter den Miaphysiten entstanden viele apokalyptische Schriften, worin auch Befreiung durch den byzantinischen Kaiser erwartet wurde.[256] Sie suchten mehr Anschluss bei den Chalkedoniern. Insgesamt strebten die christlichen Gruppierungen einer gewissen Annäherung zu.[257]

14.2. Einige frühe Reaktionen der Nestorianer

Der Katholikos Ishoyahb II (628-646), der die Schule von Nisibis verlassen hat aus Protest gegen Hnana, am Religionsgespräch von 612 beteiligt war und 630 für die Perser einen Friedensvertrag mit Byzanz vermittelte, verlegte 637 seinen Sitz nach Karka de Beth Slokh (Kerkuk). Er versuchte sich mit den neuen Herrschern abzufinden. Obwohl die Christen bald verpflichtet waren, Kopfsteuer zu zahlen und sich durch ihre Kleidung erkennbar zu zeigen, wird vermutet, dass Muhammad mit dem ostsyrischen Bischof und dem König von Nadjran einen Vertrag schloss, der den Christen gewisse Privilegien garantierte. Priester und Mönche waren dabei von der Kopfsteuer freigestellt. Da solche Verträge später auch manchmal gefälscht wurden, ist nicht sicher, ob ein ähnlicher Vertrag wirklich unter dem Kalifen Omar aufgestellt wurde, demzufolge Ishoyahb II von Muhammad selbst ein Privileg für die Ostsyrische Kirche erhalten habe. Kalif Omar habe dies bestätigt und Ali noch erweitert, da die Christen seine Truppen ernährt hätten.[258]
Rissanen hält es nicht für unmöglich, dass Ishoyahb II mit den Arabern korrespondierte, bevor sie in Persien einzogen. Denn es sei selbstverständlich, dass er an den Machtskämpfen interessiert war, wobei er sich weder mit den Persern noch mit den Byzantinern zuviel anfreunden durfte.[259]
Der Katholikos Ishoyahb III von Adiabene (650-658), der die gleiche universale Stellung wie der Papst in der lateinischen Kirche des Westens beanspruchte, verlegte nach der arabischen Eroberung von Ktesiphon seinen Sitz zum nördlichen Kloster Beth Abe, wo er eine neue Kirche baute. Dies wurde zu einem Zentrum der Wissenschaftspflege. Er hatte, wie Ishoyahb II, seine Ausbildung

---

254 Siehe dazu: Waardenburg, Muslims and Others, 136f.
255 Siehe dazu: Rissanen, Theological Encounter of Oriental Christians, 235.
256 Siehe: Suermann, Die geschichtstheologische Reaktion in der edessenischen Apokalyptik, 234ff.
257 Siehe dazu: Rissanen, Theological Encounter of Oriental Christians, 235.
258 Siehe dazu: Winkler, Zeitalter der Sassaniden, 40ff; Baum, Die Apostolische Kirche des Ostens, 43.
259 Siehe dazu: Rissanen, Theological Encounter of Oriental Christians, 10.

in Nisibis erhalten. Er verfasste Briefe, das *Buch des Umsturzes der Meinungen* (nicht erhalten), theologische Traktate, Predigten und ein Gesangbuch für das Kirchenjahr. Er reformierte die Statuten der Schule von Nisibis.[260] Dank seiner guten Beziehungen zu den neuen Autoritäten stiftete er neue Klosterschulen. Weiterhin beaufsichtigte er die östliche Ausbreitung der Kirche. Die Mission blühte. Als Apostasie in Oman auftrat, schrieb er einen Brief, worin er die Vorteile der Araber betonte. Für ihn war aber ein Apostat, auch wenn zum islamischen Monotheismus, auf ewig verloren. Obwohl er gute Verhältnisse mit den Muslimen in seiner Nähe hatte, verlor er Bistümer im Norden Arabiens.

Die Zeiten müssen chaotisch gewesen sein. Ein Bischof, der zum Miaphysitismus übergetreten war, stellte sich mit Hilfe der Araber Ishoyahb III entgegen. Und während dieses Übergangs zur arabischen Herrschaft schrieb Ishoyahb III in einem Brief, dass jede Glaubensrichtung behauptete, die Araber stünden auf ihrer Seite. Er zeigte kein Verständnis für einen Kollegen, der das Geschehen bedauerte, denn das Magiertum sei schon tot, obwohl die Magier noch gegen den immer lebenden, wahren Glauben kämpften. Auf welchen Glauben er hinwies, ist nicht klar. Identifizierte Ishoyahb III sich irgendwie mit den neuen Eroberern? Jedenfalls lobt er sie, obwohl die Christen die Hälfte ihres Besitzes abgeben mussten.[261]

Der Katholikos Mar Georg hielt im Jahre 676 ('57 der Araber') mit sechs Bischöfen eine Synode auf der Insel Dirin (nordöstlich von Arabien). Für diese schwierigen Zeiten, in denen sie das Weltende sahen, versuchten sie, die Gesetze Gottes anzupassen. Der apostolische Auftrag, alle Völker zu lehren und zu taufen (Mt. 28,19) wurde hervorgehoben. Jetzt sollte mehr über den Glauben gepredigt werden, damit das Volk Fragen von Andersgläubigen entgegentreten konnte.[262] Kleriker durften in dieser Zeit der Geldnot keine Steuern beim Eintritt in die Kirche erbitten.[263] Christinnen sollten nicht mit Heiden eine Ehe schließen, nur monogame Beziehungen waren erlaubt, und die Bischöfe sollten von Kopfgeld und Steuern befreit bleiben.[264]

Der Katholikos Henanisho I (gest. 700) verfasste viele theologische Schriften und Kommentare zum *Organon*. Er wurde 692 vom Gouverneur des Iraks vertrieben.[265]

In den Akten der Synode von 676 und der nachfolgenden Synode von 775, die unter Henanisho II gehalten wurde, scheint die Datierung noch nicht religiös geprägt: "Im Jahre 1087 der Griechen, welches ist das Jahr 159 der Ismaeliten nach ihrer Rechnung (775/6)."

---

260 Siehe dazu: Baum, Die Apostolische Kirche des Ostens, 44.
261 Siehe dazu: Young, Patriarch, Shah and Caliph, 88-95.
262 Braun, Das Buch der Synhados, 331-336.
263 Ebd., 340f.
264 Ebd., 344ff und 373.
265 Siehe dazu: Baum, Die Apostolische Kirche des Ostens, 47.

Thematisiert wurde 775 die Einmischung des Kalifen bei der Wahl des Katholikos. Einige Bischöfe, deren Kandidat von al-Mahdi gewählt worden war, waren der Ansicht, die Heilige Schrift lehre, sich der Obrigkeit zu unterwerfen (Röm 13,1.2). Henanisho II, der Gegenkandidat, setzte sich jedoch durch.[266]
Es gibt noch einen frühen Zeugenbericht vom Mönch Johannes bar Penkaje, der sich selbst in diesen Zeiten als ein zweiter Jeremia betrachtete. In seiner Geschichte von der Schöpfung bis zum Jahre 686 beschrieb er den arabischen Einzug aufgrund des Miaphysitismus als Strafe Gottes für die Ostsyrer, der arabische Bürgerkrieg war ebenso eine Strafe für die Araber. Muawiya brachte dann Frieden und beschützte die Christen gegen einen Tribut. Die Miaphysiten nutzten aber diesen Schutz aus und erlangten die Kontrolle über Syrien, wodurch sich alles verschlimmerte. Jetzt musste man noch auf den Antichrist warten. Nachdem die Araber geschlagen würden, komme aber das Gute. Er betrachtete die Zeit der Perser wie eine goldene Zeit und schien die Verfolgungen und auch, dass Chosrau II die Miaphysiten favorisiert hatte, vergessen zu haben. Im Grenzgebiet zwischen Mesopotamien und Syrien, in dem Johannes lebte, gab es zwischen 680-687 Krieg und Anarchie. Vor allem um Nisibis wurde gestritten. Auch die Patriarchen waren involviert und bekamen Zusagen von allen Parteien, sobald sie ihnen helfen würden. Es war also schwierig für sie, neutral zu bleiben.[267]

15. Die Sprachen und Übersetzungen

15.1. Die Sprachen

Ab dem 7. Jh. wurde das Syrische allmählich als Umgangssprache verdrängt. In der Liturgie und Literatur blieb es bis ins 14. Jh. bedeutend.[268] Ab 699 war nur Arabisch als Amtssprache erlaubt.[269] Die Zweisprachigkeit war unter den Arabern in Syrien und Irak schon Gemeingut. Dabei wurde das Syrische für christliche Zwecke, für den Handel und die Inschriften verwendet.
Arabisch hatte seinen eigenen literarischen Status. Laut Trimingham war es mündlich, poetisch, sehr konventionell und von sich selbst aus nicht für spirituelle Sachen geeignet. Die mündlichen Offenbarungen brauchten aber einen fixierten Status und dieser wurde von Bekehrten aus dem südlichen (meist nestorianischen) Irak geschaffen.[270] Das unentwickelte und begrenzte Arabisch konnte sich dann zum literarischen Träger der islamischen Kultur entwickeln. Das

---

266 Siehe dazu: Braun, Das Buch der Synhados, 371-375.
267 Siehe dazu: Young, Patriarch, Shah and Caliph, 99-103. Die Authentizität dieser Chronik ist fraglich. Siehe dazu: Ohlig, Hinweise auf eine neue Religion, 264
268 Siehe dazu: Winkler, Syrische Literatur, 137.
269 Siehe dazu: Brown, Die Entstehung des christlichen Europa, 219.
270 Siehe dazu: Trimingham, Christianity Among the Arabs, 163.

'klassische' Arabisch entstand aus verschiedenen Dialekten. Weil das Aramäisch und das Arabisch einander sehr nah sind, war es leicht zu lernen.
Trimingham zweifelt nicht daran, dass die arabische Schrift (das Kufisch) Gemeingut unter den *Ibad*, den arabischen Christen von al-Iraq al-Arabi, war. Einer Tradition Afghani nach, stammt die Schrift des Korans von den christlichen Arabern in Hira und Anbar; ging dann nach Duma und erst dann nach Mekka. Das Kufisch wurde auch verwendet für Inschriften in Kirchen, und daraus kann man, noch immer laut Trimingham, vielleicht ableiten, dass sich das christlich-arabische Bewusstsein zur Zeit der muslimisch-arabischen Besetzung formierte. Der Koran gab dem Arabischen einen neuen Status, und das dürfte die ersten Übersetzungen des Neuen Testaments vom Syrischen ins Arabische gefördert haben.[271]
Laut Baum schuf Hunain ibn Ishaq (gest. 873) eine wissenschaftliche arabische Terminologie und erhob das Arabisch von einer Beduinensprache zu einem Instrument, in dem auch komplizierte wissenschaftliche Probleme ausgedrückt werden konnten.[272] Brown beschreibt aber, wie bereits um 800 das Arabisch, die Sprache der 'deutlich Redenden', von solch einem Reichtum war, dass es drohte, die Christen ihrer Vergangenheit zu entfremden, da es die größte Anziehungskraft der arabischen Kultur war. Um Kontrolle über die Laien zu bewahren, mussten die Kleriker selbst auch Arabisch lernen. Die arabisch sprechenden Christen orientierten sich zunehmend nicht nur in der Terminologie, sondern auch in den Themen ihrer theologischen Spekulationen an der islamischen geistigen Welt.[273]

15.2. Die Übersetzungen

Die Umayyaden brauchten Übersetzungen vom Griechischen ins Arabische. Da sie noch eine griechisch sprechende Elite verwendeten, konnte das meistens mündlich und ad hoc stattfinden. Wissenschaftliche Texte wurden noch nicht übersetzt.[274] Die Abbasiden waren darüber hinaus auf syrische und persische Übersetzungen angewiesen. Sie förderten gerade die Übersetzungstätigkeit.
Auf die Frage, wer am meisten dazu beigetragen hatte, gibt es mehrere Antworten. Oben wurde die lange Übersetzungstradition der miaphysitischen und nestorianischen Christen schon dargestellt. Für die Nestorianer hing diese eng mit Exegese, Philosophie und später auch Medizin zusammen. Ihr Studium wurde als eine Art der Devotion betrachtet. Wahrscheinlich traf ähnliches für die Miaphysiten zu. Laut Rissanen waren für die syrische Kirche ihre Vertrautheit mit der griechischen Philosophie und ihre Tradition, heilige Männer als Philosophen zu betrachten, vorteilhaft. Mit ihren Übersetzungen hatten die

---

271 Ebd., 224-228.
272 Siehe dazu: Baum, Die Apostolische Kirche des Ostens, 63.
273 Siehe dazu: Brown, Die Entstehung des christlichen Europa, 227.
274 Siehe dazu: Gutas, Greek Thought, Arabic Culture, 23f.

Christen zugleich ihre Interpretation und philosophische Methode, die theologische Standpunkte mit einbezogen, vermittelt.[275]
Laut Gutas ist die Übersetzungswelle unter den Abbasiden nicht durch die syrischen Christen verursacht. Sie haben zwar mit ihren Kenntnissen viel dazu beigetragen, aber die Initiative und Leitung ging von den Abbasiden aus.[276]
Gutas betont dabei den persischen Hintergrund und beschreibt, wie unter al-Mansur eine Übersetzungsbewegung entstand, die davon ausging, dass alle Wissenschaften ursprünglich Persisch seien. Diese Sicht ist übrigens auch bei Ibn-Haldun, dem islamischen Geschichtsschreiber des 14. Jh. zu finden. Die Abbasiden konnten auf diese Weise viele Gruppen an sich binden. Die Zoroaster betrachteten es schon als religiöse Pflicht, die Wissenschaften zu sammeln und zu übersetzen. Die Perser, die sich bekehrt hatten zum Islam, waren damit vertraut. Noch bis zur Hälfte des 7. Jh. übersetzten sie das Pahlavi ins Neupersische und unter den Abbasiden wurde es dann weiter ins Arabische übersetzt. Die meisten Nicht-Perser waren philhellenistisch und beteiligten sich daher.[277]
Al-Mamun intensivierte das später und verwendete dies in seiner Propaganda gegen Byzanz.[278]
Strohmaier zeigt sich dieser Tradition kritisch gegenüber und lehnt die entscheidende Rolle der Kalifen ab.[279] S. Brock erkennt zwar den persischen Beitrag an, misst den Syrern jedoch viel mehr Einfluss bei.[280] Endreß beschreibt, wie in Bagdad die Initiative der Übersetzung zunächst von Ärzten, Baumeistern und Astronomen ausging, bei denen die antike Philosophie noch als Ideologie überlebt hatte. Sie knüpften an die Traditionen des persischen Hofes an und fanden in den griechischen Quellen einen Schatz an Methoden und Beobachtungen. Die Rolle der syrischen Christen, die Griechisch und Aramäisch beherrschten, war gerade sehr wichtig.[281]
Nur einige nestorianische Übersetzer werden hier hervorgehoben. Der Katholikos Timotheus I (780-823) übersetzte griechische und syrische Schriften. Er wirkte mit Chalkedoniern und Miaphysiten zusammen an der Beschaffung der Handschriften aus Byzanz und der miaphysitischen Klosterbibliothek von Mar

---

275 Siehe dazu: Rissanen, Theological Encounter of Oriental Christians, 76.
276 Siehe dazu: Gutas, Greek Thought, Arabic Culture, 20ff.
277 Ebd., 31f und 40-44.
278 Ebd., 83ff.
279 Strohmaier sagt dazu: "Die Vorstellung, dass die Kalifen bei der Rezeption die entscheidende Rolle gespielt haben, beherrschte aber auch die neuere Geschichtsschreibung. Dimitri Gutas [..], hat in [..] diese These noch mit der Hypothese bereichert, dass hier ein altes persisch-sassanidisches Regierungsprogramm unterschwellig weitergewirkt habe, die Weisheit, die ihnen der verderbliche Alexander von Mazedonien geraubt habe, wieder heimzuholen." Strohmaier, Griechische Philosophen bei den arabischen Autoren des Mittelalters, 169.
280 Siehe dazu: Brock, Syriac Translation, 18.
281 Siehe dazu: Endreß, Athen – Alexandria – Bagdad – Samarkand, 43-48.

Mattai.²⁸² ʿAmmâr al Baṣri (ca. 800-850) lebte in Baṣra und war vielleicht ein Nestorianer. Er schrieb zwei Apologien, worin er auf Widerlegungen des Islam einging. Der Autor erschuf neue Formulierungen auf Arabisch, angereichert mit theologischen Ausdrücken. Hier gibt es zum ersten Mal ein neues 'christliches Arabisch' für christliche Dogmen und Gedanken. Diese Entwicklung diente zwar der Kommunikation, konnte aber auch ein Hindernis darstellen.²⁸³
Der Nestorianer Hunain Ibn Ishaq (809-873) war der berühmteste Übersetzer. Er kam aus Hira und gehörte einem arabischen Stamm an.²⁸⁴ Als Dozent an der medizinischen Akademie in Bagdad, wurde er zum Leibarzt des Kalifen al-Mutawakkil berufen. Dadurch hatte er eine vornehme, aber auch sehr bedrohte Position. Er beherrschte viele Sprachen. Von seinen weiten Reisen brachte er viele Handschriften mit. Er, sein Sohn und sein Enkel übersetzten vieles von Aristoteles, Galen, Euklid, Archimedes, Ptolemäus sowie Werke über Augenheilkunde, das Buch der Logik und eine Weltgeschichte ab Adam.²⁸⁵ Ishaq übersetzte vom Griechischen über das Syrische ins Arabische.²⁸⁶ Das Übersetzen wurde ermöglicht durch lexikographische und grammatische Werke.²⁸⁷

16. Bildung und Wissenschaft

16.1. Die Fortsetzung der ostsyrischen Bildung und Wissenschaft

Die Christen besaßen bis zum 9. Jh. noch das alleinige Bildungsmonopol. Die wichtigsten geistigen Zentren waren in Nisibis, Gundeshapur und Merw. Hier wurden Schreiber, Lehrer, Übersetzer und Beamte ausgebildet.²⁸⁸ Auch die Klosterschule des Mar Mari war, dank ihrer Logiker und Aristoteliker bedeutend.²⁸⁹ Adam Becker beschreibt, wie die ostsyrischen Unterrichtsinstitute Nordmesopotamiens in der spät-antiken und früh-islamischen Zeit als Zentren für Unterricht dienten. Sie waren nicht mehr abhängig von einzelnen Lehrern, sondern waren formalisiert. Das war, laut Becker, eine wirklich neue Entwicklung, die sich auch in den islamischen *madrasa* und jüdischen *yeshivot* fand. Wo es in klassischer Zeit einen mehr offenen Lehrstil gab, wurden in den neuen formalisierten Instituten die sozio-theologischen Unterschiede artikuliert.²⁹⁰

---

282 Siehe dazu: Baum, Die Apostolische Kirche des Ostens, 58f.
283 Siehe dazu: Gaudeul, Encounters and Clashes, I, 38f.
284 Siehe dazu: Baumstark, Geschichte der syrischen Literatur, 227f.
285 Siehe dazu: Baum, Die Apostolische Kirche des Ostens, 62f.
286 Siehe dazu: Winkler, Syrische Literatur, 142.
287 Siehe dazu: Baumstark, Geschichte der syrischen Literatur, 229.
288 Siehe dazu: Baum, Die Apostolische Kirche des Ostens, 43.
289 Ebd., 61.
290 Siehe dazu: Becker, A.H., Fear of God, 167f.

Nisibis wurde 602 von den Persern geplündert und 640 von den Arabern erobert. Bis 627 war Babai der Große hier wirksam.[291] Die Blüte der Schule von Nisibis stagnierte bereits aufgrund interner Streitigkeiten und neuer, konkurrierender Schulen, wie die in Seleukia-Ktesiphon, die im 6. und 7. Jh. florierte. Nachdem unter Katholikos Sabrisho II (831-835) eine neue Schule in Bagdad gegründet wurde, war die Position von Nisibis noch schwächer. Dieser neue Rivale entstand zur Zeit eines allgemeinen Niedergangs des Unterrichts und der Bildung. Nisibis war noch immer eine gute Schule, aber nur eine unter vielen.[292]

Die Rolle von Nisibis und Gundeshapur in der Vermittlung der Medizin an die islamischen Abbasiden wird häufig diskutiert. Becker warnt gegen vorschnelle anachronistische Interpretationen.[293] In Gundeshapur wurden neben der griechischen Medizin auch die syrische und die indische gepflegt. Einem Brief von Timotheus I zufolge standen die theologische und die medizinische Schule unter Leitung des Metropoliten. Es gab weiterhin Unterricht in Exegese, Patristik und Philosophie. Die Bibliothek war sehr gut. Im 9. Jh. wurde ihr Platz von Bagdad eingenommen.

Von Mitte des 8. Jh. bis zur Mitte des 11. Jh. hatten ihre Ärzte einen großen Einfluss am Hof. Ganze Dynastien waren damit verbunden. Aus der Familie Bochtiso kamen 300 Jahre lang Ärzte, Lehrer der Medizin, Philosophen und Schriftsteller. Der Stammvater war 765 von Gundeshapur zum Hof berufen. Er übersetzte vom Griechischen ins Arabische. Sein Sohn erreichte eine Erleichterung der Kleidungsvorschriften und setzte die Wahl der Nachfolger von Timotheus durch. Ein Enkelsohn arbeitete zusammen mit Hunain b. Ishaq.[294] Die Familien waren sehr geschlossen. Ihre Muttersprache war persisch, aber ihre liturgische und wissenschaftliche Sprache war das Syrische. Sie ließen die Werke von Galen übersetzen.[295] Endreß beschreibt, wie die antike Philosophie nur als Ideologie professioneller Astronomen und Mediziner überlebte. Die Ärzte, die die medizinischen Werke des Platonikers Galen übersetzten und benutzten, waren meist platonisch geprägt.[296]

---

291 Siehe dazu: Drijvers, Art. Nisibis, 575f.
292 Siehe dazu: Vööbus, History of the School of Nisibis, 324ff.
293 A.H. Becker behauptet dazu: "In recent year scholars have questioned the tradition that there was an influential medical school in Jundishapur, a city in Khuzistan known in the Syriac sources as Bet Lāpāt, and have suggested that such a school was a mythical invention of both ancient sources and contemporary scholars. To be sure, the same anachronistic approach to premodern learning that I have criticized in the scholarship of the School of the Persians in Edesssa and the School of Nisibis can be found in discussions of Jundishapur. [..] Further study of the Syriac reception of Greek medicine and its role as an early inter-mediary to the Arabic medical tradition is required." Siehe: Becker, A.H., Fear of God, 94f.
294 Siehe dazu: Baum, Die Apostolische Kirche des Ostens, 61.
295 Siehe dazu: Gutas, Greek Thought, Arabic Culture, 118f.
296 Siehe dazu: Endreß, Athen – Alexandria – Bagdad – Samarkand, 48ff.

In der Mitte des 7. Jh. nahm das Interesse der Nestorianer an allgemeiner Kirchengeschichte und Rechtswissenschaften zu.[297] Die Ostsyrische Kirche war die Kirche der großen Gesetzgeber. Fast jeder Katholikos stellte neue Canones auf. Erst Timotheus I verfasste, dank gründlicher Vorarbeiten, ein regelrechtes Gesetzbuch, das lange gültig blieb.[298]

16.2. Bagdad

Die Wissenschaften wurden in Bagdad in engem Zusammenhang mit den Übersetzungen gepflegt. Wichtig waren neben der Astronomie vor allem die Medizin, Philosophie und Rechtswissenschaft, die stark miteinander verbunden waren. So gehörten hier philosophische und medizinische Werke am Anfang meist zusammen.

In Bagdad wurde das Arabisch auch die Sprache der Christen. Dort gab es bald wieder nestorianische Ärzte und Verwaltungsbeamte wie es zuvor am persischen Hof gegeben hatte. Die neuen Herrscher benutzten ihre Gelehrsamkeit. Nur die gelehrten Christen, die noch Syrisch verstanden und gelegentlich mit griechisch sprechenden Glaubensgenossen Umgang hatten, konnten die wissenschaftliche Schriften, die in der syrischen Kirche versammelt waren, verstehen und ins Arabische übersetzen.[299]

Wie die Wissenschaften nach Bagdad gelangten und wer dafür verantwortlich war, ist, genau wie bei ihren Übersetzungen, nicht sicher. Laut Goddard waren es die aus Athen vertriebenen Gelehrten, die in Gundeshapur geblieben seien. Auch aus Alexandria, der anderen wichtigen philosophischen Schule, die jetzt im islamischen Bereich lag, seien Gelehrte im 9. Jh. nach Harran und dann im 10. Jh. nach Bagdad gegangen. Aufgrund ihrer Nähe zu Gundeshapur, wo hellenistische Wissenschaften gepflegt wurden, entwickelte sich Bagdad bald zum hervorragenden Philosophenzentrum, deren Schule noch im 10. Jh. auch durch Nestorianer und Miaphysiten geleitet wurde.[300] Endreß sieht ebenfalls eine Linie der Übersetzungen griechischer Schriften, die von Alexandrien nach Bagdad führte. Sie wurde vor allem von miaphysitischen und nestorianischen Christen getragen.[301] Laut Waardenburg hatten jedoch die persischen Barmakidenwesire und Persönlichkeiten wie Timotheus die Suche nach Quellen der Philosophie und Wissenschaften angeregt.[302] Gutas beschreibt, wie die Propaganda der Abbasiden unter al-Mamun eine andere Genealogie erfunden habe, die beweisen sollte, dass al-Mansur und al-Mamun die alten griechischen Werke gerettet hätten. Diese Rhetorik kulminierte im 11. Jh. in der Fiktion, die al-Farabi

---

297 Siehe dazu: Baum, Die Apostolische Kirche des Ostens, 65.
298 Siehe dazu: Müller, Geschichte der orientalischen Nationalkirchen, 304f.
299 Siehe dazu: Brown, Die Entstehung des christlichen Europa, 228.
300 Siehe dazu: Goddard, Christian – Muslim Relations, 50-55.
301 Siehe dazu: Endreß, Athen – Alexandria – Bagdad – Samarkand, 43.
302 Siehe dazu: Waardenburg, Islamisch-Christliche Beziehungen, 76.

zugeschrieben wurde, über die Transmission von der griechischen Philosophie und Medizin von Alexandrien nach Bagdad. Diese hielt noch sehr lange an.
In dieser anti-byzantinischen Rhetorik wurde das Vergessen der griechischen Kenntnisse in Byzanz (und die Unvernünftigkeit der Christen im Allgemeinen) verspottet und man lobte die eigenen erworbenen Kenntnisse. Der berühmte Philosoph al-Kindi (gest. um 870) nach, waren die griechischen Wissenschaften eigentlich arabischen Ursprungs.[303] Al-Kindi hatte eine mathematische und synoptische Sicht auf alle Wissenschaften, mit enzyklopädischer Belangstellung, wie das damals auch von anderen Wissenschaftlern getragen wurde. Er wollte diese mathematische, exakte Einstellung auf die theologischen und religiösen Fragen seiner Zeit anwenden. Dafür suchte er, wie es damals Standardprozedur war, nach griechischen Werken, die behilflich sein könnten. Laut Gutas hat er die Philosophie, in Arabisch, in die islamische Welt introduziert.[304]

17. Die religiöse Debatte zwischen Christen und Muslimen

17.1. Die Philosophie. Aristotelische Logik für die religiöse Debatte

Die Übersetzungen der Christen hatten indirekt ihre Interpretation und philosophische Methode, die theologische Standpunkte mit einbezog, vermittelt.[305] Am Anfang war der Unterschied zwischen den aristotelischen und neoplatonischen Werken, die zu unterschiedlichen theologischen Standpunkten führen konnten, kaum bewusst.[306]
Die Philosophie von Aristoteles war wichtig für die interreligiöse Debatte. Denn die Juden und Christen stellten zwar keine politische Gefahr mehr dar, waren aber intellektuelle Gegner mit langer Erfahrung in interreligiösen Debatten, für die das *Organon* sehr hilfreich war. Daher benötigten die Abbasiden auch ein -arabisches- Handbuch der Argumentation. Al-Mahdi ließ Timotheus die *Topika* übersetzen, der dies um 782 beendete. Die *Topika*, ein Teil des *Organons*, behandelt die argumentative Auseinandersetzung zweier Gegner über ein bestimmtes Thema und gibt Regeln für die Fragen und Antworten. Es wird auch Dialektik genannt. Al-Mahdi habe dies in seinem Disput mit Timotheus verwendet und diese Methode und ihre soziale Attitüde im Islam eingeführt. Eine Folge davon war das Entstehen der Jurisprudenz, worin der Disput als bevorzugte Methode galt, als dominanter sozialer Ausdruck des Islam. So wurden, nach Gutas, während der abbasidischen Periode die politischen Aktivitäten mittels einer dialektischen Argumentation von theologischen Fragen erklärt.[307]

---

303 Siehe dazu: Gutas, Greek Thought, Arabic Culture, 88-94.
304 Ebd., 119f.
305 Siehe dazu: Rissanen, Theological Encounter of Oriental Christians, 76.
306 Ebd., 54.
307 Siehe dazu: Gutas, Greek Thought, Arabic Culture, 67ff.

In den Schriften verwendete man oft die Dialogform, um die dialektische Struktur der Methode darzustellen. Aristoteles unterscheidet zwei Arten von dialektischen Argumenten: Induktion und Deduktion. Die Induktion ist der Fortschritt vom Einzelnen zum Allgemeinen, z.B. wenn der kundige Steuermann der beste ist und wieder der kundige Wagenlenker, so wird auch überhaupt in jedem Ding der Kundige der Beste sein. Auf Grund einer Induktion zwei gleicher einzelner Sachen wurde die Universalität behauptet. Während die Christen Analogien anwendeten, um zu einer positiven Aussage über Gott zu gelangen, verbot die islamische Doktrin das.

Die Deduktion geht vom Allgemeinen zum Besonderen. Zwei Aussagen werden dabei nach Regeln zu Schlüssen verbunden.[308] Laut Rissanen wendeten die Muslime die Deduktion öfter an, um zu zeigen, dass die christlichen Doktrinen nicht rationell seien. Die Christen verwendeten dagegen die Deduktion und ihre Syllogismen zwar oft, aber nicht um das Dogma über Gott zu beweisen, weil sie einsahen, dass Gott damit nicht erfasst werden konnte.[309] Die Religionsdebatte 612 gibt jedoch einen anderen Eindruck.

17.2. Entwicklungen

In den christologischen Schriften wurden Häretiker widerlegt und verworfen. Der häretische Satz wurde oft in polemischer Einseitigkeit aufgenommen und mit Gründen aus der Vernunft und Heiligen Schrift ad absurdum geführt. Nestorianische Beispiele dafür sind das Religionsgespräch von 612 und die Lehrentscheidungen von Michael Malpana. Laut Schedl fällt damit die Sprechweise des Korans gar nicht aus dem Rahmen der Zeit.[310]

In Damaskus hatte es vielleicht 644 ein Gespräch zwischen dem Miaphysiten Johannes I von Sedra und dem arabischen Emir ʿAmr ibn Saʿd gegeben. In der erhaltenen Schrift stellte der Emir Fragen über die Göttlichkeit Christi. Die Echtheit der Schrift vom chalkedonischen Johan von Damaskus (675-753), der über sein Gespräch mit einem Sarazenen berichtet, und worin viele Themen der christlich-islamischen Auseinandersetzung schon behandelt seien, wird kontrovers diskutiert.[311] Die Hauptthemen sind die Beziehung zwischen göttlicher Allmacht einerseits und menschlichem freien Willen andererseits und die Frage ob das Wort Gottes geschaffen oder ungeschaffen sei.[312]

---

308 Die Verknüpfung zweier Urteile zu einem dritten heißt Syllogismus. Es folgt eine Figur, wovon zwei andere abgeleitet wurden. Wenn b = a und c = b, dann c = a; wenn a = b und c = b, dann c = a und wenn b = a und b = c, dann c = a. Eine Kette von Schlüssen ist ein Beweis.
309 Siehe dazu: Rissanen, Theological Encounter of Oriental Christians, 64-70.
310 Siehe dazu: Schedl, Muhammad und Jesus, 523f.
311 Siehe dazu Rissanen, Theological Encounter of Oriental Christians, 9f.
312 Siehe: Goddard, Christian-Muslim Relations, 41

Am Anfang waren die Christen theologisch und kulturell überlegen. Die Araber lernten aber schnell und wurden immer mächtiger. Daher bestimmten sie später die Diskussionen.[313] Wahrscheinlich wurde die *Metaphysik* von Aristoteles erst ab 820 ins Arabische übersetzt.[314]
Al-Mahdi verordnete seinen Theologen, Bücher über Apostaten und Häretiker zu schreiben und gegen sie zu disputieren.[315] Seit dem 9. Jh. folgte bei den Muslimen, nach einer knappen Übersicht über die drei christologischen Hauptrichtungen, meistens die Kritik an den Christen. Diese richtete sich gegen die Vermengung des Ewigen mit dem Zeitlichen und gegen den Begriff der Einswerdung zweier Wesen. Der Nestorianismus wurde meistens am günstigsten beurteilt.[316] Die erworbenen Kenntnisse über das Christentum waren jedoch schwach und gingen meist verloren.[317]
Auf beiden Seiten entstand eine umfangreiche polemische Literatur, womit die Christen schon vertraut waren. Ihre Debatten wurden meist aufgezeichnet und waren stark verbreitet.[318] Die Literaturgattung der Fragen und Antworten, die auch in Briefform aufgestellt sein konnte, lieferte Argumente gegen jeden Vorwurf.[319] Schon im 5. Jh. hatten die syrischen Christen eine Vorliebe für eine philosophische und technologische Kultur. Und als *falasifa* (Philosophen), gebunden an die wertfreien Regeln des *kalam*, des logischen Verfahrens, konnten sie sich jetzt auch mit den Muslimen im Debattieren treffen.[320]
Ob die Gespräche polemisch waren oder nicht; wer damit angefangen hat, und wie man einander beeinflusst haben könnte, wird unterschiedlich beurteilt. Laut C.H. Becker förderten die Christen mit ihren Polemiken das theologische Denken des Islam. Er erwähnt die typische Fragestellung in Bezug auf Willensfreiheit, Determinismus und die Herkunft des Bösen und die Frage über die Natur des Korans. Es sei bekannt, dass die ganze Methode des *kalam* aus dem Christentum stamme, ein Vergleich mit der Patristik würde das sofort zeigen. Der Schritt zum unduldsamen Dogmatismus entspringe auch der Methode und Ge-

---

313 Siehe dazu: Müller, Geschichte der orientalischen Nationalkirchen, 302f; Brown, Die Entstehung des christlichen Europa, 227f.
314 Siehe dazu: Gutas, Greek Thought, Arabic Culture, 73.
315 Ebd., 65f.
316 Siehe dazu: Fritsch, 124ff.
317 So weiß al-Masudi (gest. 956) noch von 6 Konzilien und der Verwerfung von Nestorianern und Jakobiten. Gelegentlich erwähnt er, dass das Christentum zum Verfall der griechischen Wissenschaften geführt habe. Sahrastani (gest. 1159) behauptete vom Nestorianismus, es wäre zurzeit al-Mamuns entstanden und sein Verhältnis zum sonstigen Christentum entspreche dem der Muʿtaziliten zum Islam. Siehe dazu: dazu Fritsch, Islam und Christentum im Mittelalter, 124f und Watt, Muslim-Christian Encounters, 48.
318 Siehe dazu: Gutas, Greek Thought, Arabic Culture, 66f.
319 Siehe dazu: Brown, Die Entstehung des christlichen Europa, 223.
320 Ebd., 229.

danken der Christlichen Kirche.[321] Rissanen bestreitet diese Ansicht, die viele Anhänger hat. Er betont den konstruktiven Dialog.[322]
Laut Griffith wurden die Christen von den Muslimen, die eine Apologie verlangten, angeregt ihre Exegese zu systematisieren und kompakt zu präsentieren. Ende des 8. Jh. entstand deswegen das *Scholienbuch* von Theodor bar Koni in einem Versuch, die Vorwürfe der Muslime zu widerlegen. Problematisch war, dass nur die von Muslimen anerkannten Schriften benutzt werden konnten. Die geforderten Themen waren: Die Schriften, die Gottheit Jesu Christi, Taufe, Eucharistie, die Verehrung des Kreuzes, Sakramente und vor allem, die Trinität, die mit allem verbunden wurde. Laut Griffith ist es bezeichnend, dass auch die weiteren Apologien vor allem die öffentlichen religiösen Praktiken verteidigen mussten.[323]

Laut Rissanen haben die *Mu'taziliten* sowohl die dialektische Methode des *kalam* eingebracht, als auch die Fragen nach der Einheit und Allmacht Gottes und die damit verbundene menschliche Verantwortlichkeit.[324] Auch habe die islamische Kritik an der Inkarnation und der Trinität unter den Christen zu neuen theologischen Formulierungen geführt. Die Muslime übernahmen ihrerseits das Modell der aristotelischen Interpretation bezüglich der Offenbarung, zum Beispiel beim Versuch, den Ursprung der Schöpfung oder die Natur der göttlichen Attribute zu verstehen.[325]

Es sei bezeichnend für die nestorianischen Einflüsse, dass die Kämpfe um den theologischen Rang des Korans im syrisch-aramäischen Gebiet geführt wurden.[326] Während die Christen sich meist sehr bedeckt äußern konnten, betrachteten die meisten Muslime das Christentum als eine Verstellung der Wahrheit, die gefährlich war und die sie nicht weiter untersuchen sollten.[327]

---

321 Siehe dazu: Becker, C., Christliche Polemik und islamische Dogmenbildung, 442ff.
322 Laut Rissanen konzentrierte Carl Becker sich bei dieser Analyse auf die Chalkedonier. Siehe: Rissanen, Theological Encounter of Oriental Christians, 13 und 18.
323 Siehe: Griffith, Disputing with Islam in Syriac, Paragraph 10-12.
324 Siehe dazu: Rissanen, Theological Encounter of Oriental Christians, 76.
325 Ebd., 237.
326 Siehe dazu: Raeder, Der Islam und das Christentum, 145.
327 Watt, Muslim-Christian Encounters, 72f.

18. Einige Beispiele des islamisch-nestorianischen Dialogs

18.1. Ein Mönch vom Kloster Bet Hale – ein arabischer Emir

Die *Disputation gegen die Araber*, deren Echtheit noch näher untersucht werden muss, stammt vielleicht aus der erste Hälfte des 8. Jh. Diese Art der Apologie wurde sehr beliebt.[328] Der Emir bestimmte die Themen:

> Wir beachten die Gebote Muhammads und die Opfer Abrahams. Wir schreiben Gott keinen Sohn zu, der sichtbar und leidensfähig ist. Wir verehren weder das Kreuz, noch die Gebeine der Märtyrer, noch Bilder wie ihr. Auch gibt es ein Zeichen dafür, dass Gott uns liebt und Wohlgefallen hat an unserer Religion: Er hat uns nämlich Gewalt gegeben über alle Religionen und alle Völker; sie sind Sklaven und uns untertan.

Der Mönch setzte sich von den Miaphysiten und Chalkedoniern ab, indem er bezeugte, dass die Gottheit nicht auf menschliche Weise leiden kann. Er argumentierte, dass auch Muslime lernen sollten, dass Jesus Sohn Gottes ist, denn nur aus pädagogischen Gründen habe Muhammad die Trinität außerhalb des Korans gelassen.[329] Der Sieg der Araber war zwar eine Strafe für die Christen, aber noch kein Beweis für die Gerechtigkeit der Araber. Dieser Text war nur für Christen bestimmt.[330]

18.2. Timotheus I – al-Mahdi

Timotheus I war von 780 bis 823 Patriarch der Ostsyrischen Kirche. Sein Patriarchat erlebte eine Zeit von Blüte und Ausbreitung. Die Bochtisofamilie unterstützte ihn. Er war sehr gebildet und übersetzte syrische und griechische Werke. Auch schrieb er über Wissenschaft, Theologie, Liturgie und Recht. Viele Briefe von ihm sind erhalten.[331]
In seinem 59. Brief berichtet Timotheus von seinem Gespräch mit al-Mahdi, das wahrscheinlich um 782, nachdem er die *Topika* übersetzt hatte, stattgefunden haben könnte. In den überlieferten und beliebten Versionen, in sowohl Syrisch als Arabisch, stellte al-Mahdi die meisten Fragen, wobei er Regeln der *Topika* anwandte. Die ausführlichen Antworten dienten vielleicht als Hilfe für andere Christen.[332] Die syrische und arabische Version haben sich seit dem 9. Jh. nicht geändert.

---

328 Siehe Griffith, Disputing with Islam in Syriac, Paragraph 16f.
329 Ebd., 21-27.
330 Ebd., 36ff.
331 Siehe dazu: Rissanen, Theological Encounter of Oriental Christians, 25ff.
332 Siehe dazu: Gaudeul, Encounters and Clashes I, 36f; Gutas, Greek Thought, Arabic Culture, 67f.

Der Brief beschreibt die Debatte zum Thema 'Christliche Religion.'[333] Die Gegner sind nicht wirklich gleich. Trotz der großen Gelehrsamkeit von Timotheus ist es deutlich, dass der islamische Kalif die Macht innehat. Timotheus erkennt den Kalifen als Repräsentant Gottes auf Erden an, lobt und preist ihn viel und muss einige Fragen mit großer Umsicht behandeln.[334] In einem persönlichen Brief vergleicht Timotheus seine eigene Rolle mit der von Christus vor Pilatus, wie Wahrheit vor Lügen. Statt Juden, die Christus ausgeliefert hatten, waren es jetzt 'die neuen Juden' (Muslime).[335] Eine Frage von al-Mahdi über Muhammad ist prekär, weil die Weigerung, Muhammad als Propheten anzusehen als implizite Behauptung gesehen würde, dass er ein Lügner sei. Darauf stand die Todesstrafe.[336] Timotheus antwortete, dass Muhammad auf dem Pfad der Propheten gewandelt sei, dass Gott ihn segnete, und ihn gerade Persien und Rom besiegen ließ wegen ihrer Häresie.

And our gracious and wise King said to me: "What do you say about Muḥammad?" - And I replied to his Majesty: "Muḥammad is worthy of all praise, by all reasonable people, O my Sovereign. He walked in the path of the prophets, and trod in the track of the lovers of God." [...] Finally Muhammad taught about God, His Word and His Spirit, Muḥammad walked, therefore, in the path of all the prophets. [.....]
He [...] brought low before his feet two powerful kingdoms [...], viz: the Kingdom of the Persians and that of the Romans. The former kingdom, that is to say the Kingdom of the Persians, worshipped the creatures instead of the Creator, and the latter, that is to say the Kingdom of the Romans, attributed suffering and death in the flesh to the one who cannot suffer and die in any way and through any process. He further extended the power of his authority through the Commander of the Faithful and his children from east to west, and from north to south. Who will not praise, O our victorious King, the one whom God [...] has glorified and exalted? These and similar things I and all God-lovers utter about Muḥammad, O my sovereign.[337]

Die Häresie der Perser bestand darin, dass sie Geschöpfe statt den Schöpfer anbeteten. Die Häresie der Römer war, dass sie Ihm Leiden und Tod zufügten. Damit setzte Timotheus sich gleich von den Chalkedoniern und Miaphysiten ab. Auch später stellte er seine nestorianische Position als die einzig richtige christliche da, und letztendlich als die einzig wahre Religion, die zu erkennen sei an guten Werken, frommen Handlungen und vor allem an Wundern.[338]

---

333 Siehe dazu: Mingana, Timothy's Apology, 15.
334 Ebd., 61f.
335 Siehe dazu: Rissanen, Theological Encounter of Oriental Christians, 42.
336 Siehe dazu: Gaudeul, Encounters and Clashes I, 37f.
337 Mingana, Timothy's Apology, 61f.
338 Ebd., 87ff. Schon 37f. wurden hier Wunder als Gotteszeichen für die Anerkennung eines neuen Buches vorausgesetzt.

"If Christ has been called by the prophets God and Lord, and if it has been said by some people that God suffered and died in the flesh, it is evident that it is the human nature which the Word-God took from us that suffered and died, because in no Book, neither in the prophets nor in the Gospel, do we find that God Himself died in the flesh, but we do find him in all of them that the Son and Jesus Christ died in the flesh. The expression that God suffered and died in the flesh is not right."

And our victorious King asked: "And who are those who say that God suffered and died in the flesh."- And I answered: "The Jacobites and Melchites say that God suffered and died in the flesh, as to us we not only do not assert that God suffered and died in our nature, but that He even removed the possibility of our human nature that He put on from Mary by His impassibility, and its mortality by His immortality, and He made it to resemble divinity, to the extent that a created being is capable of resembling his Creator. A created being cannot make himself resemble the Creator, but the Creator is able to bring His creature to His own resemblance. [..] On the one hand, this is what the Jacobites and the Melchites say, and, on the other, this is what we say. It behoves your majesty to decide who are those who believe rightly and those who believe wrongly."

And our victorious King said: "In this matter you believe more rightly than the others. Who dares to assert that God dies. I think that even demons do not say such a thing. In what, however, you say concerning one Word and Son of God, all of you are wrong." [339]

Timotheus erkannte nur einen Propheten an, der nach Jesus kommen würde. Das sei Elia, der den Antichrist bestrafen und die Wiederkehr Jesu predigen solle. Er bezeichnete hier Jesus als das Wort Gottes und Herrn der Herren. Al-Mahdi bestritt diese Aussage nicht, behauptete nur, dass die Christen die Bibel verfälscht haben und Muhammad deswegen nicht darin zu finden sei. [340]

"Think, O our victorious Sovereign, how the angel called Jesus 'the Lord their God'. It is this prophet Elijah who, as we have learned, will come into the world after the ascension of Jesus to heaven. He will come to rebuke the Antichrist, and to teach and preach to everybody concerning the second apparition of Jesus from heaven. [..] As the Word of God, He created everything from the beginning and He is going to renew everything at the end. He is the King of Kings and Lord of Lords, and there is no end and no limit to His Kingdom."

And our highly intelligent Sovereign said: "If you had not corrupted the Torah and the Gospel, you would have found in them Muḥammad also with the other prophets."

Der Kalif identifizierte Muhammad mit dem in der Bibel angekündigten Parakleten. Timotheus widerlegt das, denn sonst wäre Muhammad auch der Geist Gottes. Der Kalif nennt noch zwei andere Ankündigungen. [341]

Der Status von Jesus wurde ausführlich besprochen. Die Christologie von Timotheus war, laut Rissanen, von den Konzepten 'Inkarnation' und 'Knechtschaft'

---

339 Ebd., 87ff.
340 Ebd., 54f.
341 Ebd., 32–38, 50f und 56ff.

geprägt. In seiner Sicht wurde das Wort kein Fleisch, sondern vergöttlichte es das Fleisch. Gott kann nicht im Fleisch gelitten haben. Timotheus zeigte hierin und in der Betonung der Dienstbarkeit Jesu, eine große Verwandtschaft mit Babai dem Großen auf. Aber er passte dieses der neuen Situation an, indem er sich gegenüber al-Mahdi weigerte, Jesus ausschließlich als Knecht zu betrachten. Der Kalif warf ihm vor, den Knecht und den Herrn gleichzustellen und damit das Geschöpf dem Schöpfer. Timotheus führte zwar Vers 19, 30 an, worin Jesus sich als Knecht bezeichnete, aber er konnte auch andere Namen Jesu zeigen, wie 'Stein' oder 'Lamm'. Er versuchte, das Anwenden von Metaphern und Analogien in Bezug auf Gott, oder Christus, zu erklären.[342]

Der Kalif erwähnte, dass Jesus nicht gut sein kann, weil er Maria hatte sterben lassen.[343] Damit erkannte er Jesus implizit viel Macht zu. Timotheus bezieht Sure 4,171 ein, wonach Jesus Wort und Geist Gottes sei.

Auf Fragen über die Kreuzigung und das Sterben Gottes, antwortete Timotheus, dass der Sohn Gottes in unserer Natur gestorben ist, aber nicht in seiner Göttlichkeit. Dabei benutzte er das gleiche Bild vom Kaiser und seinem kaiserlichen Purpurgewand wie Theodor von Mopsuestia.[344]

And our King said to me: "Can God then Himself die?"
- And I replied to his Majesty: "The Son of God died in our nature, but not in His Divinity. When the royal purple and the insignia of the kingdom are torn, the dishonour redounds to the King: so also is the case with the death of the body of the Son-God." - And our King said to me: "May God preserve me from saying such a thing. They did not kill Him and they did not crucify Him, but He made a similitude[345] for them in this way." – And I said to him: "It is written in the Surat 'Īsa, "Peace be upon me the day I was born, and the day I die, and the day I shall be sent again alive."[346] This passage shows that He died and rose up. Further, God said to 'Īsa (Jesus) [347] "I will make Thee die and take Thee up again to me."

Es fällt auf, dass in der Übersetzung von Mingana, Sure 19 *Surat 'Īsa* genannt wird, statt *Maryam*.

---

342 Siehe dazu: Rissanen, Theological Encounter of Oriental Christians, 190-194.
343 Mingana, Timothy's Apology, 52ff.
344 Ebd., 40f; Rissanen, Theological Encounter of Oriental Christians, 229ff.
345 Mingana merkt an: "The Kurra apparently read the verb as shabbaha and not shubbiha in the time of Patriarch Timothy."
346 Vergleich Sure 19, 33: "Heil sei über mir am Tag, da ich geboren wurde, am Tag, da ich sterbe, und am Tag, da ich (wieder) zum Leben auferweckt werde!"
347 Vergleich Sure 3, 55: "(Damals) als Gott sagte: 'Jesus! Ich werde dich (nunmehr) abberufen und zu mir (in den Himmel) erheben und rein machen, so daß du den Ungläubigen entrückt bist. Und ich werde bewirken, daß diejenigen, die dir folgen, den Ungläubigen bis zum Tag der Auferstehung überlegen sind. [...]'"

Auch der Unterschied von Gott, Wort, Geist und Sohn wurde thematisiert. Sobald ein Unterschied anerkannt wurde, warf der Kalif den Verstoß gegen die Aussage, dass Gott einer sei, vor.[348]

Die Einheit Gottes war ein wichtiges Thema. Nach einer Auseinandersetzung über die Einheit Gottes, die laut Timotheus auch als zwei oder drei betrachtet werden könnte, antwortete der Kalif, dass dann auch mehrere Gottheiten möglich seien, und dass es wie die Doktrin der Magier sei. Hier möchte Timotheus den Vergleich beenden. Denn in jedem Vergleich sollte man aufhören, wenn es der Wirklichkeit nicht mehr entspreche. Gerade die Zahl sei die Ursache von Pluralität. Aber in Gott gäbe es keine Zahl.[349]

Später behauptete Timotheus, dass Muhammad selbst mit den mysteriösen Buchstaben gerade auf Gott, sein Wort und seinen Geist hingewiesen habe. Wegen möglicher Missverständnisse habe er dies aber verborgen:[350]

And our victorious King said: "And what did impede the Prophet from saying that this was so, that is that these letters clearly referred to God, His Word and His Spirit?" – And I replied to his Majesty: "The obstacle might have come from the weakness of those people who would be listening to such a thing. [...] They would have believed that this also was polytheism. This is the reason why your Prophet proclaimed openly the doctrine of one God, but that of the Trinity he only showed it in a somewhat veiled and mysterious way, that is to say through his mention of God, and of His Spirit and through the expressions 'We sent our Spirit' and 'We fashioned a complete man.' [...] He did not teach it openly [...], but he showed it symbolically by means of the three letters that precede the Surahs.'

Timotheus erklärte die göttliche Natur mit seinen drei Hypostasen als Eigenschaften.[351]

He is one God, because the eternal nature (keyanā) of God consists in Fatherhood, Filiation and Procession, and in the three of them He is one God, and being one God He is the three of them.[...] Therefore God is one and the same in nature (Syr. be-keyanā) in three hypostatic attributes (Sur. ba-tlat dilayute qenumayate) and his existence.

Er benutzte auch Metaphern, z.B. der Sonne mit ihrer Wärme und Licht, oder der menschlichen Natur, die lebendig, rationell und sterblich sei. Der Kalif konnte es aber nur als etwas Zusammengesetztes verstehen. Timotheus versuchte dann zu erklären, dass es bei Gott nicht leiblich verstanden werden kann, weil er göttlich und deswegen unbegreiflich sei.[352]

---

348 Siehe dazu: Mingana, Timothy's Apology, 22ff.
349 Ebd., 62ff.
350 Ebd., 67f.
351 Mingana, Timothy's Apology, 70.
352 Siehe dazu: Rissanen, Theological Encounter of Oriental Christians, 147ff.

Der Gebrauch von Metaphern wurde eingehender diskutiert. Wegen des radikalen Unterschieds zwischen Gott und Mensch war es im Islam verboten, menschliche Attribute mit Gott zu assoziieren. Aber laut Timotheus wäre sonst keine Kenntnis über Gott möglich. Nur mit ihren begrenzten Begriffen wären die Menschen imstande, etwas über Gott auszusagen, obwohl die Vergleiche immer mangelhaft bleiben würden. Damit wich Timotheus von der aristotelisch-nestorianischen Theologie ab. Er war schon mit der negativen Theologie vertraut, die er benutzte, weil er skeptisch war gegenüber den Möglichkeiten, rationale Kenntnis über Gott zu bekommen und weil er versuchte, Konflikte zu vermeiden. Denn diese wurde damals auch von den *Mu'taziliten* benutzt und damit akzeptiert.[353] Die Position von Timotheus sei damit vielleicht ein Schlüssel zum Verständnis der *Mu'taziliten*.[354]

Der Kalif urteilte, dass die Vernunft von rationalen Wesen es verbietet, in Begriffen von Trinität über Gott zu reden.[355] Später begründet er das Urteil von rationellen Wesen nur in Gesetz, Natur und Heiligen Schriften. Noch einmal versuchte Timotheus, es mittels Vergleichen zu erklären.[356]

"This is as far as one can go from bodily comparisons and similes to the realities and to God." And the King said: "You will not go very far with God in your bodily comparisons and similes."- And I said: "O King, because I am a bodily man I made use of bodily metaphors, and not of those that are without any body and any composition. Because I am a bodily man, and not a spiritual being, I make use of bodily comparisons in speaking of God." [...]
And the King said: "It is very easy for your tongue, O Catholicos, to prove the existence of that Lord and God, and the existence also of that consubstantial servant, and to draw conclusions sometimes or to abstain from them some other times, but the minds and the will of rational beings are induced to follow not your mind which is visible in your conclusions, but the law of nature and the Inspired Books."

Der Kalif blieb dabei, dass alles, was die Christen über Wort und Sohn Gottes sagen, falsch ist.[357] Er nannte übrigens den Koran *furkan*. Dieses koranische Wort ist dem syrischen *furkana* (Rettung) gleich.[358]

Die Frage nach dem freien Willen gegenüber Gottes Allmacht wurde behandelt anhand der Tötung Jesu durch die Juden. Laut Timotheus spielen beide eine Rolle, und entscheidend ist die Intention. Wenn es keinen freien Willen gäbe, wären auch Gesetze nutzlos.[359] Timotheus zeigte hier seinen Hass gegenüber den Juden, die die strengsten Strafen verdienen würden, weil sie den Tempel

---

353 Ebd., 238 und 111.
354 Ebd., 150f.
355 Mingana, Timothy's Apology, 70ff.
356 Ebd., 79ff.
357 Ebd., 87f.
358 Ebd., 49.
359 Ebd., 42f; Rissanen, Theological Encounter of Oriental Christians, 229ff.

des Wortes Gottes verwüstet haben.[360] Laut Timotheus bewies schon der gegenseitige Hass der Juden und Christen, dass die Bibel nicht verfälscht sei.[361] Viele Hauptthemen des Christlich-Islamischen Dialogs wurden also behandelt. Seit Johannes von Damaskus haben die Muslime neue Argumente entwickelt, z.B. die Identifikation des Muhammad mit dem Parakleten. Ab Timotheus änderten sich die Argumente kaum. Nur Wunder und Hinweise auf Muhammad in der Bibel wurden hinzugefügt. Denn als Timotheus argumentierte, dass Änderungen im Gesetz durch Wunder bestätigt werden müssten, Muhammad aber keine Wunder wirken konnte, widerlegte al-Mahdi das nicht.[362]

And our King said to me: "Do you not believe that our Book was given by God?" – And I replied to him: "It is not my business to decide whether it is form God or not. But I will say something of which your majesty is well aware, and that is all the word of God found in the Torah and in the Prophets, and those of them found in the Gospel and in the writings of the Apostles, have been confirmed by signs and miracles; as to the words of your Book they have not been corroborated by a singe sign or miracle. It is imperative that signs and miracles should be annulled by other signs and miracles. [...] If God had wished to abrogate the Gospel and introduce another Book in its place He would have done this, because signs and miracles are witnesses of His will; but your Book has not been confirmed by a singe sign and miracle. Since signs and miracles are proofs of the will of God, the conclusion drawn from their absence in your Book is well known to your Majesty."

Zu dieser Zeit begannen die Muslime die *sira* zu verfassen, die von seinen Wundern berichten. Diese wurden weiter benutzt. Erst bei at-Tabari wurden viele Hinweise auf Muhammad in der Bibel gelesen.[363]

18.3. Abd al-Masih b. Ishaq al-Kindi

Von Abd al-Masih b. Ishaq al-Kindi (Knecht des Messias, Sohn Isaaks), aus dem arabischen Stamm der al-Kinda (9.Jh.) ist eine Apologie erhalten in der Form eines Briefwechsels mit dem Muslim Abdallah b. Ismael al-Hashimi (Knecht Gottes, Sohn Ismaels). Es betrifft wohl programmatische Namen.[364]

---

360 Mingana, Timothy's Apology, 46f.
361 Ebd., 56ff.
362 Ebd., 36f.
363 Siehe dazu: Gaudeul, Encounters and Clashes, I, 37.
364 Vergleich aber auch dazu: Trimingham: "The principal element in Hira after it developed into a permanent trading and dynastic capital came to be known as al-'Ibād. This was a grouping of mixed tribal elements united by allegiance to Christianity. The word 'ibād is clearly an abbreviation of the phrase 'Ibād-ar-Rabb, 'Slaves of the Lord', or ''Ibād-al-Masīh, slaves of Christ'. In early Muslim Arabic literature the word specifically means 'Christians of al-Ḥīra and district', but sometimes it took on the general sense of 'Christians', as in the expression al- Ibādiyyūn min Tamīm, 'the Christians among the Tamīm',

Al-Hashimi habe öfters mit Timotheus diskutiert.³⁶⁵ Um 820 wurde Abd al-Masih möglicherweise gebeten, sich zum Islam zu bekehren. Er verweigerte und gab als Gründe an, dass Muhammad kein Prophet sein kann, weil er nicht die Zukunft vorhersagen konnte, keine Wunder vollbrachte, Kriege führte und viele Frauen hatte. Goddard betrachtet es als Beispiel seiner toleranten Zeit, dass er sich so offen äußern konnte, während andere gerade dadurch den Verdacht hegen, es beträfe eine spätere Fälschung.³⁶⁶

Andere Vorwürfe waren, dass Muhammad nichts verkündete, was die Kinder nicht schon in den Schulen lernen. Die Widersprüche innerhalb des Korans wurden durch die wechselvolle Überlieferung erklärt, denn Mohammads Verkündigung sei später verfälscht worden. Das Gesetz der Vergeltung wurde der christlichen Lehre der Verzeihung und Barmherzigkeit gegenübergestellt.³⁶⁷

In der Apologie erzählte Abd al-Masih auch, wie Muhammad vom nestorianischen Mönch Sergius unterrichtet wurde und wie die Juden den Urkoran gefälscht hätten. Diese Geschichte war vielleicht populär am Hofe al-Mamuns, weil es die Ewigkeit des Korans bezweifelte. Es sei die erste quellenkritische Analyse des Korans aus Sicht der Christen, die aber sehr polemisch und manchmal unhistorisch war.³⁶⁸ Die Nachwirkung unter ihnen war groß.³⁶⁹

18.4. Ali b. Sahl b. Rabban at-Tabari³⁷⁰

Der gebildete Nestorianer Tabari aus Merw (vielleicht 775 - gest. nach 855) war Arzt am Hof des Persischen Fürsten Mazyar. Nach dessen Unterwerfung ging er zum Kalifenhof in Bagdad. Im Alter von 70 Jahren trat er unter dem Kalifen al-Mutassim (833-842) zur 'hanifischen Religion des Islam' über, da er die Siege des Islam als Wunder und Gottesgericht betrachtete und erlebte, wie Mazyar hingerichtet wurde. Auch schien das einfache Bekenntnis zu dem einen Gott und seiner Einheit eine Lösung für die problematische Frage, wie der ewige

---

although in fact all the settled northern Tamīm were Christian." Siehe dazu: Trimingham, Christianity Among the Arabs, 156.
365 Mingana, Timothy's Apology, 12.
366 Siehe dazu: Goddard, Christian-Muslim Relations 53f; Raeder, Der Islam und das Christentum, 172ff.
367 Siehe dazu: Baum, Die apostolische Kirche des Ostens, 64.
368 Raeder bezieht sich auf William Muir, The Apology of al Kindi, 1886. Siehe dazu: Raeder, Der Islam und das Christentum, 172ff.
369 Siehe dazu: Gaudeul, Encounters and Clashes, I, 56.
370 Seine Biographie ist nicht ganz sicher. In der Literatur gibt es Verwirrung mit dem berühmten Geschichtsschreiber Abu-Ja'far Muhammad ibn Jarir Al-Tabari (839-923). Auch werden nicht immer beide hier behandelte Werke ihm zugeschrieben. *Der Widerlegung der Christen* wird von Wilhelm Baum seinem Neffe Abu Zakkar Yahya b. Numan zugeschrieben. Die Echtheit von *Das Buch von Religion und Herrschaft* ist bezweifelt worden. Im Folgenden werden die Angaben von Olaf Schumann, der vieles dieser Diskussion beschreibt, gefolgt. Siehe dazu: Schumann, Der Christus der Muslime, 32ff; Baum, Die Apostolische Kirche des Ostens, 67.

Gott in einem zeitlichen Menschen gegenwärtig sein könnte. Für al-Mutawakkil, der sehr diskriminierende Maßnahmen gegen Christen und Juden durchführte, schrieb er wahrscheinlich zwei Apologien, um die Christen zum Glaubenswechsel zu bewegen.[371]

Im *Al-radd'l-nasâra* (Widerlegung der Christen) war das Hauptthema, dass das Christentum nicht wahr sein kann, da es lehrt, dass Jesus zur gleichen Zeit sowohl Schöpfer als auch Geschöpf ist. In einer kurzen Darstellung des Islam betonte er Gottes Allmacht, Distanz und Andersartigkeit. Ein entscheidendes Kriterium war Muhammad als Prophet, denn dadurch wurde der Islam anerkannt und auf alle Lehren verzichtet, die nicht damit übereinstimmen.

Danach stellte er den Christen die folgenden Fragen und versuchte, Widersprüche aufzudecken: Akzeptierst du den Monotheismus (oder Jesus als einen zweiten Gott)? Spricht Jesus die Wahrheit über sich selbst? Kann Gott Leiden und Tod unterzogen sein? Ist die Glaubensregel ganz wahr, oder nur teils? Ist Christus ewiger Schöpfer, erwählter Mensch, oder Gott und Mensch? Lebte Christus in einem bestimmten Lande und zu einer bestimmten Zeit oder nicht (während Gott doch außerhalb von Zeit und Ort ist)? Ist der Vater identisch mit dem Sohn oder sind sie zwei verschiedene Personen? Die Schlussfolgerung musste sein, dass Jesus ein menschliches Wesen ist. Jesus beanspruchte nicht, Gott zu sein, die Jungfrauengeburt bewies nichts, seine Wunder waren nicht größer als die anderer Propheten, usw.[372]

Er kritisierte die Evangelientexte, die einander widersprechen und benutzte die Bibel reichlich um die islamischen Positionen zu unterstützen. Dieses Beispiel wurde auch später befolgt, aber nie mehr so gründlich. Seine Argumentation wurde sehr oft nachgeahmt. Das Meiste war schon aus der Polemik gegen die Miaphysiten bekannt.

Für Tabari war die Schrift nicht verdreht, sondern der Glaube der Christen. Er versuchte deswegen, die Unvereinbarkeit des christlichen Glaubensbekenntnisses mit dem Bibeltext zu beweisen. Die Vernunft diente der Gotteserkenntnis. Laut Schumann unterschied er sich von den Nestorianern seiner Zeit, indem er jede Art von Göttlichkeit in Christus bestritt und nicht die ethischen Qualitäten Jesu als Ursache für die Einwohnung der Gottheit anerkannte. Er zeigte aber den nestorianischen Hintergrund in seiner Exegese, der nicht metaphorisch war, keinen Analogieschluss benutzte und sich nur auf den Wortlaut bezog.[373] Auch seine breite Schriftauslegung zeigte diesen Hintergrund und passte zugleich zu der 'orthodoxen' Koraninterpretation von al-Mutawakkil.[374]

Im *Kitâb al-dîn wa-d-daula* (*Das Buch von Religion und Herrschaft*), das vielleicht von einem anderen Autor verfasst wurde, versuchte der Autor, entgegen der Argumente der Christen zu beweisen, dass Muhammad von den Propheten

---

371 Siehe dazu: Schumann, Der Christus der Muslime, 32f.
372 Ebd., 37ff und 180-189.
373 Ebd., 34f.
374 Ebd., 47.

und von der Bibel angekündigt wurde und dass ihm die Zeichen eines wahren Propheten (Wunder und Voraussagen, die erfüllt werden konnten) nicht fehlten. 61 Texte werden zitiert: 54 vom Alten Testament, davon 40 von den Propheten, vor allem Jesaja (26), Jeremia (4), Daniel (4) und David (Psalmen: 6). Muhammad wird in den Psalmen gefunden, denn der Autor liest seinen Namen jedes Mal, wenn er das Wort 'Preis/Lob' (die Wurzel HMD) liest. Auch Jesus würde das Kommen Muhammads vorher sagen.

Tabari versuchte, eine Synthese zu finden zwischen seinem früheren Glauben und dem neuen, mittels einer neuen Interpretation der Bibel. Es war zum Teil verantwortlich für Missverständnisse unter einigen muslimischen Autoren über die Natur von Jesus. Die muslimischen Polemiker gaben bald die Interpretation der Bibel, wie at-Tabari sie praktizierte, auf. Viele gingen davon aus, dass die Bibel keinerlei Hinweis auf Muhammad mehr enthalte, weil sie gefälscht wurde.[375]

18.5. Amr b. Bahr al-Gahiz

Amr b. Bahr al-Gahiz (776/7-868/9) hatte Nähe zu den *Mu'taziliten* und schrieb sein *Sendschreiben über die Widerlegung der Christen* wahrscheinlich um 850. Thematisiert wurde, ob Gott einen Menschen zum Sohn annehmen kann. Die Verwandlung eines Sklaven zum Herrn wurde kritisiert. Er warf den Christen vor allem Verkörperung *(tagsim)* und Anthropomorphismus *(tasbih)* vor. Der 'Verstand der Muslime' ist besser. Wegen ihrer hoch entwickelten Kenntnis der Sprache können nur sie richtig interpretieren. Gahiz benutzte Analogieschlüsse und Philologie.[376]

18.6. Hunain Ibn Ishaq

Der Übersetzer Hunain (809-873) schrieb auch eine Apologie des Christentums. Seine *Art und Weise, die Wahrheit einer Religion zu erkennen* wehrte sich gegen Opportunismus und Mangel an Bildung.[377] Er beschrieb darin sechs Gründe um eine unwahre Religion anzunehmen. Dazu gehörten: Gewalt, Elend, Ruhm beim Übertritt, falsche Behauptungen, Unwissenheit, und Loyalität zur Familie bei Mischehen. Demgegenüber stehen vier Gründe für die wahre (christliche) Religion: Wunder, Zeichen, unwiderlegbare Argumentation, Entwicklung. Es sei unmöglich eine Religion zuzulassen ohne rationale Gründe.[378]

---

375 Siehe dazu: Gaudeul, Encounters and Clashes I, 44ff.
376 Siehe dazu: Schumann, Der Christus der Muslime, 48-61.
377 Siehe dazu: Baum, Die Apostolische Kirche des Ostens, 63.
378 Siehe dazu: Cheikho, Un traité inédit de Honein, 240ff.

19. Das Mönchtum und die Klöster

Wie bei den Miaphysiten wurde das Mönchtum bestimmend für die Kirche und ihre Literatur.[379] Die Klosterbibliotheken Syriens und des nördlichen Iraks waren sehr gut ausgestattet und jeder gelehrte Syrer konnte noch eine zu Zeiten Justinians geschriebene Handschrift mühelos lesen.[380] Gerade in der Anfangszeit des Islam entstanden zahlreichen neuen Klöster und asketische Schriften. In den Klöstern wurden vielfach Handschriften verfasst: Gebete im Rahmen der Liturgie, und Legenden. Das Buch *Die Schatzhöhle* aus dem 6. Jh. wurde früh ins Arabische übersetzt. Das Kloster Beth Abe wurde in der zweiten Hälfte des 7. Jh. zum Zentrum der ostsyrischen Wissenschaftspflege. Das Kloster des Apostels Mar Mari, 90 km süd-östlich von Bagdad, war ein Wallfahrtsort.[381]
Für die damaligen Theologen hatte die griechische Philosophie einen religiösen Charakter. Obwohl die Askese im Islam nicht vorgezogen wurde, schätzten viele Muslime die christlichen Asketen. Vielleicht wurde ihnen daher die Attitüde gegenüber der Philosophie vertraut. Tor Andrae gibt als möglicher Gründ dafür an, dass die Asketen des Islam eine geistige Verwandtschaft mit den christlichen Eremiten empfanden. Die Übereinstimmung in Leben und Lehre erklärten die Muslime, indem sie die christlichen Eremiten als ein Überbleibsel der ursprünglichen Gemeinde Jesu, die den rechten Glauben nicht verfälscht hatte, betrachteten.[382]
Die Mönche waren in der sassanidischen Zeit schon gegen die Hierarchie und die Sakramente. Spuler merkt an, dass die islamische Mystik, die im 8./11. Jahrhundert neben Iran gerade im Zweistromland blühte und die als Parallele zum christlichen Eremitentum gelten darf, eine ähnliche Gleichgültigkeit gegenüber den äußeren Geboten des Islam entwickelte. Auch erwiesen sie sich als Horte des Widerstandes gegen den Abfall zum Islam.[383]
Wie die Gelehrten aus der Schule von Nisibis und die Mönche aus sassanidischer Zeit stritten die Philosophen und Mystiker des mittelalterlichen Islam über Inhalt und Methode bei ihrem Bestreben zur Kenntnis über Gott zu gelangen: Entweder im Intellekt mittels Syllogismen, oder unmittelbar von Gott.[384]

---

379 Siehe dazu: Baumstark, Geschichte der syrischen Literatur, 194.
380 Siehe dazu: Brown, Die Entstehung des christlichen Europa, 225.
381 Siehe dazu: Baum, Die Apostolische Kirche des Ostens, 45ff.
382 Siehe dazu: Rissanen, Theological Encounter of Oriental Christians, 17.
383 Siehe dazu: Spuler, Die Morgenländischen Kirchen, 13f.
384 Siehe dazu: Becker, A.H., Fear of God, 195.

20. Die Mission

Die Ostsyrische Kirche breitete sich weit aus. In Ägypten bekämpften die Kopten sie als Irrlehre. Die Nestorianer standen hier häufig im Dienst der arabischen Regierung. Weil es verboten war, unter Muslimen zu missionieren, suchte die Kirche weitere Zielgebiete. Klöster wie Beth Abe waren dabei Ausgangspunkte. Die Pionierarbeit wurde meist von Kaufleuten entlang den großen Handelsstraßen geleistet. Unter westsyrischem Einfluss setzte die Kirche intensiv Mönche ein, die vertraut waren mit Medizin, Erziehung und Landwirtschaft. Die Missionsarbeit fand vor allem in zwei Epochen statt. Von 600 bis 800 und von 1000 bis 1400. Seit 635 missionierten die Nestorianer erfolgreich in China und die Kirche erreichte hier eine Blüte bis zur Mitte des 9. Jh. Um 1400 erreichte die Kirche übrigens ihren geographischen Höhepunkt, sie erstreckte sich damals horizontal von Alexandrien bis zur chinesischen Küste, und vertikal von Sibirien bis zur Süden Indiens.[385]

Timotheus I förderte die Missionstätigkeit in Indien, China, Turkestan, im Jemen und am Kaspischen Meer. Er ernannte Metropoliten für Tibet, China und Turkestan. Ende des 8. Jh. setzte er einen Bischof für den Jemen ein. Timotheus machte seine Kirche zu einer Weltkirche mit 230 Diözesen und 27 Metropoliten. Mehrere 10 Millionen Gläubige gehörten damals zur Nestorianischen Kirche.[386] Einige Jahrhunderte danach wurde die Ostsyrische Kirche zur vorherrschenden Kultur bei den Steppenvölkern Zentralasiens. In Arabien und Jemen war das Christentum jedoch weitgehend ausgelöscht und in Mesopotamien, Syrien und Iran waren zahlreiche Bischofssitze verloren gegangen.[387]

---

385 Siehe: Gillman, Art. Nestorianermission, 199ff.
386 Siehe dazu: Baum, Die Apostolische Kirche des Ostens, 47-51 und 56ff,
387 Ebd., 74.

IV. Schlussbetrachtung

Die Ostsyrische Kirche und der frühe Islam haben historisch und geographisch gesehen zahlreiche Bezugspunkte. Bei sehr vielen Befunden müssen aber, aufgrund teils unsicherer und einander widersprechender Quellen und Studien, einige Vorbehalte in Betracht gezogen werden. Dies trifft umso mehr auf mögliche Interpretationen und Schlussfolgerungen zu. Die folgenden Bemerkungen sind daher auch unter diesem Verständnis zu lesen. Die Nestorianer sind dabei nicht als eine homogene Gruppe zu betrachten.

Die Ostsyrische Kirche ('Nestorianer') und die rivalisierende Westsyrische Kirche ('Miaphysiten') spielten in der Kulturvermittlung und dem Übersetzen eine große Rolle. Die Fragen in Bezug auf die Gottheit und Menschheit Jesu dominierten ihre Debatten.

So erlag ihre wichtigste Schule um 600 einem Streit um die christologische Orthodoxie und die Anwendung von Metaphern in der Exegese. Sie mussten sich um 612 auch im eigenen Kampf gegen miaphysitische Ansichten wehren, die sie scharf verurteilten, indem sie ihren Gegnern einseitige Aussagen über z.B. Christus und Maria in den Mund legten und diese mittels einseitiger Argumentation ad absurdum weiterführten. Solch eine Verfahrensweise wurde übrigens auch bald im islamischen *kalam* angewendet und solch ein verstelltes und somit verurteiltes Bild der Christologie scheint sich auch im Koran, dessen Offenbarungen zu dieser Zeit begannen, zu finden.

Jesus gilt im Koran als vorbildlicher Gottesknecht und steht damit der alten syrischen Auffassung nahe. Im Koran wird aber die Trinität verurteilt. Da Metaphern in Bezug auf Gott abgelehnt werden, darf Jesus nicht in übertragenem Sinn als Gottes Sohn betrachtet werden. In der Ostsyrischen Kirche hatte Ephräm im 4. Jh. vor philosophischen Untersuchungen von Gott gewarnt. Die Metaphern dienten den begrenzten Menschen gerade dazu, das unbegrenzte und geheimnisvolle Göttliche benennen zu können. Später wurden aber die Metaphern in Bezug auf Gott meistens abgelehnt, und man strebte eine antiochenisch geprägte buchstäbliche Interpretation an. Dabei wurden aber manchmal einige Metaphern erlaubt, die von der Bibel aus notwendig waren.

Der Mönch vom Kloster Bet Hale und Timotheus stimmten mit ihren muslimischen Gesprächspartnern darin überein, dass die Gottheit nicht auf menschliche Weise leiden kann. Sie meinten jedoch, dass Muhammad an die Trinität geglaubt, diese aber aus pädagogischen Gründen verborgen habe.

Die Christen betrachteten den Islam zuerst als eine christliche Häresie der Araber, die ihnen bereits vertraut waren. Im Westen existierte vorher das arabisch-miaphysitische Ghassanidenreich. Nach den arabischen Eroberungen wurden miaphysitische Araber in Damaskus bevorzugt.

Im Osten, wo die Nestorianer stärker vertreten waren, lag Hira, die Hauptstadt des ehemaligen arabisch-nestorianischen Lakhmidenreiches. Sie vermittelte

schon lange nestorianische und persische Einflüsse zur arabischen Halbinsel. Vielleicht entstand hier die arabische Schrift des Korans. Hira war schon früh Ausgangspunkt vieler arabischer Eroberungen und wurde nach weiteren Kriegen von den Abbasiden bevorzugt. Die Lakhmiden und Ghassaniden waren verfeindet und somit auch die jeweiligen mit ihnen verbündeten Stämme der arabischen Halbinsel. Ob der Umschwung vom 'miaphysitischen' Damaskus zum 'nestorianischen' Bagdad etwas mit diesen tribalen Machtkämpfen zu tun hatte, könnte näher untersucht werden.
Außer dieser kriegerischen und politischen Beteiligung, gibt es mehrere Hinweise auf einen möglichen inhaltlichen Einfluss der christlichen Araber während der Entwicklung des Islam. Die christlichen Araber waren mit der syrischen liturgischen Sprache vertraut. Der Koran scheint seinen Namen der beliebten Rezitation nestorianischer liturgischer Texte zu entlehnen und viele syrische Begriffe zu enthalten. Die eigenen Helden tauchten manchmal im Gewand biblischer Gestalten wieder auf. Solche Geschichten könnten Eingang in den Koran gefunden haben. Unter den christlichen Arabern spielten individuelle Mönche, die sich manchmal gegen die kirchliche Hierarchie und Sakramente widersetzten, eine wichtige Rolle.
Weitere ostsyrische Einflüsse könnten sein: Verbot von Wein; Ablehnung der Erbsünde, da der Mensch seine Vernunft für ethische Entscheidungen anwenden muss; das Konzept einer Engelschule, in der der Schöpfer mittels Schreibrohr ein himmlisches Buch lehrt.
Erst unter den Abbasiden wurde die islamische Prägung der ganzen Gesellschaft deutlicher. Unter ihnen wurden *hadithen* und die davon abhängige Rechtswissenschaft festgelegt. Mit diesen konnten sie ihre Machtansprüche innerhalb und außerhalb des Islam untermauern. Sie strebten wahrscheinlich eine umfassende Kontrolle über die Religion und damit über die Gesellschaft an. Daher förderten sie rationelle (interreligiöse) Debatten wobei sie selbst die endgültigen Richter waren. Der *kalam* wurde schon früh für ihre eigenen Streitgespräche verwendet und später auch für die mit anderen Religionen. Die aristotelische Logik, die den Nestorianern schon lange vertraut war und die sie für die Abbasiden übersetzten, wurde dann miteinbezogen.
Obwohl die Christen am Anfang meist kulturell überlegen waren und deswegen Einfluss ausüben konnten, scheinen die Religionsgespräche vorwiegend Themen betroffen zu haben, die von den Muslimen vorgegeben wurden, wobei die Christen manchmal ihre Religionsausübung verteidigen mussten. Wie im *kalam* wurden vor allem syllogistische Verfahrensweisen bevorzugt. Bei ihrem Versuch, die Trinität mittels Bildern annähernd zu erklären, wurden die Argumente der Christen manchmal missachtet. Darüber hinaus durften nur die von Muslimen anerkannten Bibelschriften verwendet werden.
Die Übersetzungsbewegung von meist philosophischen Schriften ins Arabische ist vielleicht von Nestorianern und Persern, darunter auch von vielen Ärzten, angeregt worden. Auch die Miaphysiten waren beteiligt. Mit ihren Übersetzun-

gen vermittelten die Nestorianer zugleich ihre theologische und philosophische Tradition. Das Übersetzen hatte unter ihnen schon lange ein hohes Ansehen und einen religiösen Wert. Die Abbasiden förderten die Übersetzungsbewegung und es scheint, dass sie damit schließlich auch ihre intellektuelle Superiorität demonstrieren wollten. Die bessere islamische Vernunft und die eigene Heilige Schrift und Sprache wurden manchmal als entscheidende Kriterien aufgeführt. Als der islamische Druck zunahm und die Christen immer mehr benachteiligt wurden, entstanden schärfere Polemiken, obwohl wahrscheinlich Redefreiheit nicht immer gegeben war.

Die Nestorianer bauten erst noch viele Klöster und konnten unter den Nicht-Muslimen frei missionieren. Das kann auf gute Beziehungen mit den Eroberern gedeutet haben. Sowohl unter Christen als auch unter Muslimen gab es anfänglich Endzeiterwartungen, wobei die Wiederkunft Jesu erwartet wurde. Ob solche gemeinsame Vorstellungen diese Beziehungen gefördert haben, ist unklar. Die Nestorianer verloren aber bald viel Macht und Freiheit. Als *dhimmis* wurden sie erniedrigt.

Die Fragen und Vorwürfe des Islam regten zu neuen Argumenten an. Das Interesse in Bezug auf Gesetz und Geschichte nahm weiter zu. Die nestorianische intellektuelle Elite am abbasidischen Hof wurde bevorzugt und war an der Blüte der Übersetzungen und Debatte beteiligt. Wahrscheinlich konnten sie jedoch nur wenig für ihre Glaubensgenossen ausrichten.

Zwar bevorzugten die meisten Nestorianer anfänglich die Muslime gegenüber den Byzantinern und Persern, aber im Laufe der Zeit flohen viele oder traten sie aus pragmatischen Gründen zum Islam über. Unter den Abbasiden wurde das auf unterschiedliche Art und Weise angeregt, während die Nestorianer versuchten, das zu verhindern.

Anhang: Die ostsyrischen Katholikoi von 605 bis 858 und ihre weltliche Herrscher

in Seleukia-Ktesiphon		**DIE SASSANIDEN**	
Gregor I	605-608	Chosrau II	591-628
Ishoyahb II von Gdala	628-646	Kawad II, Ardeshir III, Boran, Shahrvaraz, Azarmdukht, Hormizd IV.	
Maremmeh	646-650	Yazdgird	632-651
Ishoyahb III von Adiabene	650-658	Die vier rechtgeleiteten Kalifen	
		Abu Bakr	632-634
		Omar	634-644
		Othman	644-656
		Ali	656-661
		DIE OMAYYADEN *in Damaskus*	
Giwargis I	661-680	Muawiya	661-680
Johannes I Bar Marta	680-683	Yazid I	680-683
		Muawiya II	683-684
Henanisho I	685-692/700	Marwan I	684-685
Johannes d. Aussätzige	692-693	Abdalmalik	685-705
		Walid I	705-715
Saliba-Zakha	714-728	Sulaiman	715-717
		Omar II	717-720
		Yazid II	720-724
Pethion	731-740	Hischam	724-743
Aba II	741-751	Walid II	743-744
		Yazid III und Ibrahim	744
		Marwan II	744-749
		DIE ABASSIDEN	
Sourin	751	Abul-Abbas	749-754
		in Bagdad	
Jakob II	754-775	Al-Mansur	754-775
Henanisho II	775-780		
in Bagdad		Al-Mahdi	775-785
Timotheus I	780-823	Al-Hadi	785-786
		Harun ar-Raschid	786-809
		Al-Amin	809-813
		Al-Mamun	813-833
Isho bar Nun	823-828		
Giwargis II	828-831	*in Samarra*	*(838 – 883)*
Sabrisho II	831-835	Al-Mutassim	833-842
Abraham II v. Marga	836-850	Al-Wathiq	842-846
Theodosius I (Athanasius)	853-858	Al-Mutawakkil	847-861

Siehe dazu: Baum, Die Apostolische Kirche des Ostens, 151ff.

Literaturverzeichnis

Al-Ṭabarī, Abu-Jaʿfar Muhammad ibn Jarir, The Early ʿAbbāsī Empire I. The reign of Abū Jaʿfar al-Manṣṣūr. A.D. 754-775, übersetzt von Williams, John Alden, Cambridge 1988.
Amato, Angelo, Art. Nestorius, Nestorianismus, in: LThK³ 7, 2006, 745-749.
Bardenhewer, Otto, *Weyman*, K. und *Zellinger*, J. (Hersg.). Bibliothek der Kirchenväter. Des Heiligen Ephräm des Syrers. Ausgewählte Schriften. Aus dem syrischen und griechischen übersetzt. I. Band, Kempten und München, 1919.
Baum, Wilhelm / Winkler, Dietmar W., Die apostolische Kirche des Ostens. Geschichte der sogenannten Nestorianer, Klagenfurt 2000.
Baumstark, Anton, Geschichte der syrischen Literatur mit Ausschluß der christlich-palästinensischen Texte, Bonn 1922.
Becker, Adam, H., Fear of God and the Beginning of Wisdom. The School of Nisibis and the Development of Scholastic Culture in Late Antique Mesopotamia, Philadelphia 2006.
Becker, Carl Heinrich, Christliche Polemik und islamische Dogmenbildung, in ders.: Islamstudien, Vol. I, Leipzig, 1924.
Böhm, Thomas, Art. Messalianismus, Messalianer, in: LThK³ 7, 2006, 157f.
Böhm, Thomas, Art. Nestorius, in: RGG⁴ 6, 2003, 206f.
Braun, Oscar, Das Buch der Synhados oder Synodicon Orientale. Die Sammlung der Nestorianischen Konzilien, zusammengestellt im neunten Jahrhundert nach der syrischen Handschrift, Museo Borgiano 82, der vatikanischen Bibliothek, Amsterdam, Neudruck 1975 der Ausgabe Stuttgart, Wien 1900.
Brock, Sebastian, Art. Bibelübersetzungen I.4. Die Übersetzungen ins Syrische, in: TRE 6, 1980, 181-189.
Brock, Sebastian, Syriac Translation of Greek Popular Philosophy, in: Peter Bruns (Hg), Von Athen nach Bagdad. Zur Rezeption griechischer Philosophie von der Spätantike bis zum Islam, Bonn 2003.
Brown, Peter, Die Entstehung des christlichen Europa, München 1999 (Oxford 1995).
Bruns, Peter, Aristoteles-Rezeption und Entstehung einer syrischen Scholastik, in: Peter Bruns (Hg.), Von Athen nach Bagdad. Zur Rezeption griechischer Philosophie von der Spätantike bis zum Islam, Bonn 2003, 29-41.
Busse, Heribert, Die theologischen Beziehungen des Islams zu Judentum und Christentum. Grundlagen des Dialogs im Koran und die gegenwärtige Situation, Darmstadt 1991.
Cheikho, Louis (Ed.), Un traité inédit de Ḥonein, in: Orientalischen Studien, FS Theodor Nöldeke, 1. Band Gießen 1906, 283-291, in: Islamic Philosophy, Vol. 17. Ḥunain Ibn Isḥāq, Texts and Studies, hg. von F. Sezgin, Frankfurt 1999, 235-243.
Cramer, Winfrid, Art. Ephräm der Syrer, in: LThK³ 3, 2006, 708ff.

Der Koran, übersetzt, kommentiert und eingeleitet von Rudi Paret. Digitale Bibliothek, Band 46, Berlin 2004.
Der Koran. Arabisch – Deutsch. Übersetzt und Kommentiert von Adel Theodor Khoury, Gütersloh 2004.
Drijvers, Han J.W., Art. Edessa, in: TRE 9, 1982, 277-288.
Drijvers, Han J.W., Art. Nisibis, in: TRE 24, 1994, 573-576.
Endreß, Gerhard, Athen – Alexandria – Bagdad – Samarkand. Übersetzung, Überlieferung und Integration der griechischen Philosophie im Islam, in: Peter Bruns (Hg), Von Athen nach Bagdad. Zur Rezeption griechischer Philosophie von der Spätantike bis zum Islam, Bonn 2003, 42–62.
Fritsch, Erdmann, Islam und Christentum im Mittelalter. Beitrage zur Geschichte der muslimischen Polemik gegen das Christentum in arabischer Sprache, Breslau 1930.
Gaudeul, Jean-Marie, Encounters and Clashes: Islam and Christianity in History. Vol.1: Survey; Vol. 2: Texts, Rome: PISAI, 1984.
Gillman, Ian, Art. Nestorianermission, in: RGG[4] 6, 2003, 199-202.
Goddard, Hugh, A History of Christian-Muslim Relations, Chicago 2000.
Griffith, Sidney H, Disputing with Islam in Syriac: The Case of the Monk Bêt Hâlê and a Muslim Emir, in: Hugoye. Journal of Syriac Studies, vol. 3, no 1, 2000.
Grözinger, Karl, Erich, Jüdisches Denken. Theologie. Philosophie. Mystik. Band I. Vom Gott Abrahams zum Gott des Aristoteles, Frankfurt/Main 2004.
Gutas, Dimitri, Greek Thought, Arabic Culture. The Graeco-Arabic Translation Movement in Baghdad and Early ʿAbbāsid Society (2nd-4th / 8th-10th centuries), London 1998.
Hage, Wolfgang, Art. Nestorianische Kirche, in: TRE 24, 1994, 264-276.
Heine, Peter, Art. ʿAbbasiden, in: Khoury, Adel Th./ Hagemann, Ludwig / Peter Heine, Islamlexikon. Geschichte – Ideen – Gestalten, Bd. 1., Freiburg 1991, 15-18.
Heine, Peter, Art. Mahdi, in: Khoury, Adel Th. / Hagemann, Ludwig / Peter Heine, Islamlexikon. Geschichte – Ideen – Gestalten, Islamlexikon, Bd. 2, Freiburg 1991, 487-490.
Hitti, Philip K., History of the Arabs, New York 1937; rev. tenth edn. 2002.
Hutter, Manfred, Iranische Literatur, in: Baum, W. / Winkler, Dietmar W., Die apostolische Kirche des Ostens. Geschichte der sogenannten Nestorianer, Klagenfurt 2000.
Ibn Isḥāq, Das Leben des Propheten. Aus dem Arabischen von Gernot Rotter, Kandern im Schwarzwald, 2004.
Jedin, Hubert / *Latourette,* Kenneth S. / *Martin,* Jochen, Atlas zur Kirchengeschichte. Die Christlichen Kirchen in Geschichte und Gegenwart, Freiburg im Breisgau, 1987.
Kawerau, Peter, Das Christentum des Ostens, Stuttgart 1972.

Khoury, Adel Th., Art. Apologetik, in: Khoury, Adel Th./ Hagemann, Ludwig / Peter Heine, Islam-Lexikon. Geschichte – Ideen – Gestalten, Bd. 1, Freiburg 1991, 59-61.
Lings, Martin, Muḥammad. Sein Leben nach den frühesten Quellen, Kandern im Schwarzwald, 2004.
Luxenberg, Christoph, Die Syro-Aramäische Lesart des Koran. Ein Beitrag zur Entschlüsselung der Koransprache, Berlin (2. überarbeitete und erweiterte Auflage) 2004.
Markschies, Christoph, Art. Nestorianismus, in: RGG[4] 6, 2003, 204-206.
Mingana, Alphonse, Timothy's Apology for Christianity, in: Woodbrook Studies, Vol. II. Christian documents in Syriac, Arabic and Garshūni, Cambridge 1928.
Moeller, Bernd, Geschichte des Christentums in Grundzügen, Göttingen, 8. neu bearbeitete Auflage 2004.
Müller, C.D.G., Geschichte der orientalischen Nationalkirchen, Göttingen 1981.
Nagel, Tilman, Geschichte der islamischen Theologie. Von Mohammed bis zur Gegenwart, München, 1994.
Niewöhner, F., Art. Kalam, in: Ritter, Joachim und Gründer, Karlfried, Historisches Wörterbuch der Philosophie VI, Basel 1976, 669-672.
Ohlig, Karl-Heinz (Hg.), Hinweise auf eine neue Religion in der christlichen Literatur 'unter islamischer Herrschaft'?, in ders.: Der frühe Islam. Eine historisch-kritische Rekonstruktion anhand zeitgenössischer Quellen, Berlin 2007, 223-325.
Ohlig, Karl-Heinz, Das syrische und arabische Christentum und der Koran, in: ders. und Puin, Gerd-R. (Hg.): Die dunklen Anfänge. Neue Forschungen zur Entstehung und frühen Geschichte des Islam, Berlin 2005, 366-404.
Raeder, Siegfried, Der Islam und das Christentum. Eine historische und theologische Einführung, Neukirchen-Vluyn 2001.
Rissanen, Seppo, Theological Encounter of Oriental Christians with Islam during Early Abbasid Rule, Abo 1993.
Sames, Arno, Art. Gondesapur, in: RGG[4] 3, 2000, 1084f.
Schedl, Claus, Muhammad und Jesus. Die christologisch relevanten Texte des Korans neu übersetzt und erklärt von Claus Schedl, Wien, 1978.
Schumann, Olaf H., Der Christus der Muslime, Köln 1973; 2. durchges. u. erw. Auflage, 1988.
Spuler, Bertold, Art. Arabisch-christliche Literatur, in: TRE 3, 1978, 577-587.
Spuler, Bertold, Die morgenländischen Kirchen, in: Handbuch der Orientalistik Abt. 1, Bd 8, Abschnitt 2, Leiden-Köln, 1964.
Strohmaier, Gotthard, Griechischen Philosophen bei den arabischen Autoren des Mittelalters, in: Peter Bruns (Hg), Von Athen nach Bagdad. Zur Rezeption griechischer Philosophie von der Spätantike bis zum Islam, Bonn 2003, 161–174.

Suermann, Harald, Die geschichtstheologische Reaktion auf die einfallende Muslime in der edessenischen Apokalyptik des 7. Jahrhunderts, Frankfurt am Main 1985.
Tremp, Ernst, Art. Theodoros, Bf. von Mopsuestia, in: LThK³ 9, 2006, 1414f.
Trimingham, J.S., Christianity among the Arabs in Pre-Islamic Times, London 1979.
Vööbus, Arthur, History of the school of Nisibis, Louvain 1965 (CSCO 266 Subs. 26).
Waardenburg, Jacques, Islamisch-Christliche Beziehungen. Geschichtliche Streifzüge, Würzburg 1993.
Waardenburg, Jacques, Muslims and Others. Relations in Context, Berlin 2003.
Watt, William M., Muslim-Christian Encounters. Perceptions and misperceptions, London 1991.
Winkler, Dietmar, W., Syrische Literatur, in: Baum, W. / Winkler, Dietmar W., Die apostolische Kirche des Ostens. Geschichte der sogenannten Nestorianer, Klagenfurt 2000, 137-143.
Winkler, Dietmar, W., Zeitalter der Sassaniden (bis 653), in: Baum, W. / Winkler, Dietmar W., Die apostolische Kirche des Ostens. Geschichte der sogenannten Nestorianer, Klagenfurt 2000, 13-42.
Ye'or, Bat, Der Niedergang des orientalischen Christentums unter dem Islam. 7-20. Jahrhundert, Gräfelfing, 2005.
Young, William G., Patriarch, Shah and Caliph: a study of the relationships of the Church of the East with the Sassanid Empire and the early caliphates up to 820 A.D., with special reference to available translated Syriac sources, Rawalpindi, 1974.

Abkürzungen

CSCO: Corpus Scriptorum Christianorum Orientalum.
LThK: Lexikon für Theologie und Kirche.
RGG : Religion in Geschichte und Gegenwart
TRE : Theologische Realenzyklopädie
PISAI: Pontificio Instituto di Studi Arabi e d'Islamistica

THEION

Herausgegeben von Herausgegeben von Wilhelm-Ludwig Federlin und Edmund Weber

Band 1   Wilhelm-Ludwig Federlin: Kirchliche Volksbildung und Bürgerliche Gesellschaft. Studien zu Thomas Abbt, Alexander Gottlieb Baumgarten, Johann David Heilmann, Johann Gottfried Herder, Johann Georg und Johannes von Müller. 1993.

Band 2   Hans Christoph Stoodt / Edmund Weber (Hrsg.): Interreligiöse Beziehungen: Konflikte und Konvergenzen. 1993.

Band 3   Hans Christoph Stoodt / Edmund Weber (Hrsg.): INTER LEGEM ET EVANGELIUM. 1994.

Band 4   Sylvia Mangold: Âdi Œan. karâcâryah. G. V. Iyers Filmkommentar zur Religionsphilosophie Œan. karas. 1994.

Band 5   Cheriyan Menacherry: Christ: The Mystery in History. A Critical Study on the Christology of Raymond Panikkar. 1995.

Band 6   Wilhelm-Ludwig Federlin (Hrsg.): Sein ist im Werden. Essays zur Wirklichkeitskultur bei Johann Gottfried Herder anläßlich seines 250. Geburtstages. 1995.

Band 7   Matthias Benad / Edmund Weber (Hrsg.): Diakonie der Religionen 1. Studien zu Lehre und Praxis karitativen Handelns in der christlichen, buddhistischen, Hindu und Sikh Religion. 1996.

Band 8   Byong-Ro An: Die Religiosität der Koreaner in Deutschland. 1997.

Band 9   Friedrich Weber: Sendrecht, Policey und Kirchenzucht. Kirchenrechtsbildung und religiösethische Normierung in Ostfriesland und Emden bis Ende des 16. Jahrhunderts. 1998.

Band 10 Peter Schmidt: A. C. Bhaktivedanta Swami im interreligiösen Dialog. Biographische Studien zur Begegnung von Hinduismus und Christentum. 1999.

Band 11 Stephan Nagel: Brahmas geheime Schöpfung. Die indische Reformbewegung der "Brahma Kumaris". Quellen, Lehre, Raja Yoga. 1999.

Band 12 Steven Ballard: Rudolf Otto and the Synthesis of the Rational and the Non-Rational in the Idea of the Holy. Some Encounters in Theory and Practice. 2000.

Band 13 Thea Mohr: Weibliche Identität und Leerheit. Eine ideengeschichtliche Rekonstruktion der buddhistischen Frauenbewegung Sakyadhita International. 2002.

Band 14 Bärbel Beinhauer-Köhler / Matthias Benad / Edmund Weber (Hrsg.): Diakonie der Religionen 2. Schwerpunkt Islam. 2005.

Band 15 Wilhelm-Ludwig Federlin / Markus Witte (Hrsg.): Herder-Gedenken. Interdisziplinäre Beiträge anläßlich des 200. Todestages von Johann Gottfried Herder. 2005

Band 16 Young-Sik Park: Konvivenz der Religionen. 2006.

Band 17 Roswitha Möstl: Naraseva – Moderne Hindudiakonie. Erscheinungsformen, Konzepte, Strategien, religiöse und weltanschauliche Begründungen. Diakonie der Religionen 3. 2006.

Band 18 Thea Mohr / Edmund Weber (Hrsg.): Universelle Kultur des Helfens. Im Hinduismus, Buddhismus, Islam, Judentum und in den Naturwissenschaften. Diakonie der Religionen 4. 2006.

Band 19 Edmund Weber: Hindu India. Another Approach to its Multiflorous Religious Culture. Collected Essays. 2006.

Band 20 Karl Dienst: „Zerstörte" oder „wahre" Kirche: Eine geistliche oder kirchenpolitische Entscheidung? 2007.

Band 21 Tharwat Kades: Der Dialog zwischen Christen und Muslimen im Spannungsfeld von Tradition und Moderne. 2008.

Band 22 Karl Dienst: Zwischen Wissenschaft und Kirchenpolitik. Zur Bedeutung universitärer Theologie für die Identität einer Landeskirche in Geschichte und Gegenwart. 2009.

Band 23 Marijke Metselaar: Die Nestorianer und der frühe Islam. Wechselwirkungen zwischen den ostsyrischen Christen und ihren arabischen Nachbarn. 2009.

www.peterlang.de

Tharwat Kades

Der Dialog zwischen Christen und Muslimen im Spannungsfeld von Tradition und Moderne

Frankfurt am Main, Berlin, Bern, Bruxelles, New York, Oxford, Wien, 2008.
108 S., zahlr. Tab.
Theion. Jahrbuch für Religionskultur.
Herausgegeben von Wilhelm-Ludwig Federlin und Edmund Weber. Bd. 21
ISBN 978-3-631-56704-3 · br. € 26.60*

Im Lichte der jetzigen politischen, wirtschaftlichen und religiösen Situation ist es erforderlich, die Diskussion über die Beziehung zwischen Christen und Muslimen neu zu bedenken. Eindrücke und Meinungen, die vielfach durch Unwissenheit und Vorurteile entstanden sind, sind als solche aufzuspüren. Nur so kann es gelingen, Ängste und Vorurteile, die die Beziehung zwischen Christen und Muslimen beherrschen, abzubauen und durch gegenseitiges Verstehen zu ersetzen. Ziel dieses Buches ist es, eine Grundlage für beide Religionen zu schaffen, auf der sie den Dialog vollziehen können. Denn um den Anderen anzunehmen, ist es nicht unbedingt erforderlich, die gleiche Meinung zu haben. Der Dialog bietet die Chance, Missverständnisse abzubauen und im gemeinsamen Gespräch zu bleiben. Um den Herausforderungen der heutigen Zeit begegnen zu können, ist auch unsere gemeinsame Tradition immer wieder zu überdenken. Dafür ist es erforderlich, Religion und Politik auseinander zu halten. Toleranz und Akzeptanz waren und bleiben wichtige Bausteine auf dem Weg zu einem friedlichen Zusammenleben der Kulturen.

Aus dem Inhalt: Klärung grundlegender Begriffe für den christlich-islamischen Dialog – seine theologische Bedeutung, seine Geschichte, insbesondere auf der arabischen Halbinsel · Gemeinsamkeiten und Unterschiede von Islam und Christentum: das Gottesbild, das Prophetenverständnis, die heiligen Schriften Koran und Bibel · u.v.m.

Frankfurt am Main · Berlin · Bern · Bruxelles · New York · Oxford · Wien
Auslieferung: Verlag Peter Lang AG
Moosstr. 1, CH-2542 Pieterlen
Telefax 0041(0)32/3761727

*inklusive der in Deutschland gültigen Mehrwertsteuer
Preisänderungen vorbehalten

Homepage http://www.peterlang.de